메타버스
인공지능의
시대

미래직업
다이어리 ②

김준수, 최승홍, 이유진, 아이박슨, 손미현, 김정현, 변문경 지음

다빈치 books

다빈치 books

효과적인 학습 전략 수립을 도와주는 책들

에듀테크 FOR 클래스룸 :
한 권으로 끝내는 원격 수업 도구의 모든 것

박찬, 김병석, 전수연, 전은경, 진성임, 정선재, 강윤진, 변문경 | 416쪽 | 25,000원

원격수업에 필요한 모든 디지털 도구의 활용 노하우를 이 한 권에 담았습니다.
온·오프라인 수업에 에듀테크를 더하면 더 편리하게 흥미로운 수업을 설계하고 실현할 수 있습니다.

주요내용: 온라인 수업, 블랜디드 러닝, 플립트 러닝, 디지털 리터러시, 띵커벨, 카훗, 패들렛, 멘티미터, 실시간 쌍방향 수업, 줌(Zoom), 구글 Meet, 카카오 TV, 영상녹화, PPT 녹화, 윈도우 게임 녹화, OBS, zoom it, 영상편집, 클로버더빙, 브루(Vrew), 곰믹스 (Gom Mix), 유튜브영상 올리기, 무료폰트, 무료이미지, 무료음원, 미리캔버스, 구글플랫폼 활용하기, 구글설문, 구글프리젠테이션, 구글스프래드시트, 구글사이트도구

우리 아이 AI : 4차산업혁명시대 인공지능 융합교육법

박찬, 김병석, 전수연, 전은경, 홍수빈, 진성임, 문혜진, 김성빈, 정선재, 강윤진,

변문경, 권해연, 박석희, 이정훈 공저 | 320쪽 | 24,000원

인공지능 교육은 어떤 방향성을 가지고 진행해야 할까요? 인공지능 교육에 대한 정보, 고민과 해답을 "우리 아이 AI" 이 한 권에 담았습니다. 인공지능 교육은 일상생활에서 문제를 해결을 위한 인공지능 활용 교육이 중심이 되어야 합니다. 인공지능 교육에 대한 방향성, 선진 인공지능 교육 사례, 스마트 폰 속 인공지능 도구에 대한 교육적 활용 방법을 소개한 첫 책입니다.

쉽게 따라하는 인공지능 FOR 클래스룸

박찬, 전수연, 진성임, 손미현, 노희진, 정선재, 강윤진, 이정훈 | 212쪽 | 18,000원

온·오프라인 수업에서 인공지능을 활용할 수 있는 가장 실용적인 지침서입니다.
온·오프라인 수업에서 실현하는 인공지능 에듀테크의 모든것을 이 한 권에 담았습니다.

4차 산업 수업 혁명: with STEAM 교육 & Maker 교육

최인수, 변문경, 박찬, 김병석, 박정민, 전수연, 전은경 공저 | 264쪽 | 25,000원

STEAM 융합 교육에서 SW 교육으로 더 나아가 만들기 활동으로 세상과 상호작용할 수 있는 메이커 교육이 확대되고 있습니다. 이렇게 교육 혁신이 가속화되는 이유는 4차 산업혁명으로 사회, 경제적 시스템이 변화하며 미래 인재상도 변화하기 때문입니다. 이러한 교육의 패러다임의 전환기에, 본 책은 인간 본연의 창의성을 강화하기 위한 메이커 교육의 역사와 정신, 방향성을 제시하고 있습니다. 또한 이 책의 저자들은 코딩 교육, STEAM 융합 교육, 그리고 메이커 교육의 이상적인 통합 방법을 사례를 통해 보여줍니다.

메타버스
인공지능의
시대

미래직업
다이어리 2

메타버스와 인공지능의 시대 롤모델 찾기

메타버스에서 창직을 할 수 있는 시대

코로나19로 인해 앞당겨진 뉴노멀(New Normal) 시대, 우리는 이미 메타버스에서 인공지능과 함께 살아가고 있습니다. 우리는 학교에 가지 않아도 온라인 수업으로 학력을 인정받아 다음 학년으로 진급할 수 있었습니다. 오프라인 수업에서도 선생님들이 읽기 자료를 준비하는 대신 유튜브에 있는 흥미로운 영상물들을 수업자료로 활용하는 것이 효율적이라고 생각하게 되었습니다. 미국의 경우 재택근무의 장점에 익숙해져서 출근을 하기 않기 위해서 퇴사하는 직원들이 늘어나자 출근하는 사람들에게 급여 외로 별도의 비용을 지급하기 시작했습니다. 최근 플랫폼 기업에서는 출근을 꺼리게 된 직장인들을 위해 온라인 재택근무가 가능하도록 시스템을 정비하고 있습니다.

이러한 변화는 비단 외국의 일만은 아닙니다. 여러분이 잘 알고 있는 쿠팡의 경우 잠실에 있는 본사부터 스마트 오피스로 바꾸고 있습니다. 일주일에 하루 이틀만 출근해도 매출은 상승하고, 기업이 성장하는 데 문제가 없다는 것을 알게 된 것입니다. 출근하는 날만 자신의 사물함에서 개인 물품을 꺼내 사용하고 책상은 공유합니다. 쿠팡뿐 아니라 많은 기업에서 원격근무제도를 정착하기 위해 시스템을 정비하고 있습니다. 물론 온라인 근무가 가능한 메타버스가 정비되면 사람들의 단순한 업무 내용은 모두 데이터로 저장되어 인공지능이 학습하게 될 것입니다. 그렇게 되면 결국 사람이 할 수 있는 일이 줄어든다는 단점도 있습니다. 특히 전문성을 덜 요구하는 관리, 운영에 대한 업무는 더 빠르게 인공지능이 대체하게 될 것입니다. 결국 마지막에 남는 직업은 창의적으로 콘텐츠를 생산하는 분야일 것입니다. 미래직업 다이어리에서 콘텐츠 크리에이터 분야의 직업을 강조하는 이유 미래에도 사라지지 않을 직업이기 때문입니다.

이제 스스로 재미를 느끼는 콘텐츠 분야를 찾아 전문성을 키우고, 그 과정에서 끊임없이 새로운 직업과 서비스를 만들어가는 창직을 해야 하는 시대가 왔습니다. 청소년들에게 직업이 아닌 창직이라는 말이 낯설게 들릴 수도 있습니다. 창직(創職, job creation)이라는 말은 자기 주도적으로 창조적인 아이디어를 통해 기존에는 없는 직업과 직종을 새롭게 만들어내거나 기존의 직업을 재설계하는 창업 활동을 말합니다(네이버 지식백과). 자신의 아이디어를 가지고 자신의 능력이나 적성 등을 활용하여 창의적으로 콘텐츠를 생산하기 때문에 특정 역량을 요구하는 직업과는 다른 개념으로 볼 수도 있습니다. 창직의 결과물을 어디서 만날 수 있을까요? 현재는 와디즈나 텀블벅이라는 플랫폼에서 사람들이 창직을 한 결과물들을 쉽게 만날 수 있습니다. 이렇게 창직을 하기 위해서는 개인이 선택한 분야의 전문 지식을 쌓고 또 관련된 경험을 쌓는 것이 아주 중요합니다.

결국 창직은 '재미'의 생산으로부터

창직을 위해 스스로 전문 지식과 경험을 쌓는 일을 어디서부터 시작해야 할까요? 예를 들어 로블록스나 인스타그램 같은 메타버스에 익숙한 청소년들은 게임도 하고 SNS 활동도 활발히 하면서 미래에 창직을 할 수 있는 경험적 지식을 쌓고 있는 것과 같습니다. 메타버스에서 게임을 하는 것이 어떻게 창직이 될 수 있을까요? 물론 다수의 어른에게는 게임에 빠져 있는 수험생이 창직을 준비하고 있다고 여기기는 어려울 것입니다. 하지만 게임 덕후들이 가지고 있는 게임에 대한 방대한 지식을 토대로 역발상을 해본다면 충분히 창직이 될 수 있습니다.

요즘 유튜브에서 게임중계방송으로 고소득을 올리는 콘텐츠 크리에이터들을 많이 봅니다. 이들은 플레이 중인 게임중계방송을 하는 데서 그치지 않고, 새롭게 출시된 게임을 홍보하는 일도 합니다. 다양한 게임을 분석한 게임

방송 전문 유튜버들은 게임 기획에 참여하기도 합니다. 또한 출시될 게임의 규칙에 대해서 게임개발자에게 조언을 하기도 하고, 캐릭터나 세계관, 스토리에 대해 피드백을 하기도 합니다. 이렇게 게임을 좋아한다면 덕후 기질을 제대로 발휘하여 특정 게임 분야를 섭렵하는 것이 필요합니다. 현재에도 그렇지만 미래 시대에는 더더욱 창직을 통해 수입을 창출하고 자아실현도 할 수 있는 기회가 많을 것입니다. 『미래직업 다이어리』에서는 엔씨소프트에서 리니지 프로젝트를 담당하고 계신 한재혁 PM님이 게임의 스토리를 창작하고, 캐릭터를 개발하고, 게임의 규칙을 고도화하고, 프로그래밍하는 등의 세분된 직업군을 소개해 주셨습니다. 최근 콘텐츠 진흥원의 콘퍼런스에서 Unity사는 아이디어만 있으면 1~2인으로 구성된 게임 개발자들도 게임을

개발하고 출시할 수 있는 서비스를 내놓았다고 했습니다. 글로벌 기업에서 만든 블록버스터급 게임만이 재미있는 것이 아니라, 심플하지만 아이디어가 돈보이는 게임을 즐기는 유저들이 늘어나고 있기 때문입니다. 왜 이런 일이 가능할까요? 코로나19 이후 디지털 세상에서 이전보다 더 많은 사람이 상호작용하면서 콘텐츠를 소비하게 되었기 때문입니다. 디지털 세상 다시 말해 메타버스 안에서 '재미'를 추구하는 사람들이 많아지면서 더 많은 새로운 콘텐츠를 발굴하고 소비하게 되었습니다. 따라서 새로운 콘텐츠를 발굴하여 서비스하는 것이 플랫폼 업체가 생존하는 가장 중요한 전략이 되었습니다. 우리나라에서는 카카오와 네이버가 플랫폼 전쟁을 하고 있습니다. 독점 플랫폼이 되기 위한 방법은 오직 한 가지입니다. 가장 재미있는 콘텐츠를 많이 제공하여 메타버스 시민들에게 끊임없이 '재미'를 주는 것입니다. 개인이 플랫폼을 계속 찾고 또 오래 머물 수 있도록 말입니다. '재미'의 제공은 수입 창출로 이어질 수 있어 메타버스에서 창직의 전략은 '재미의 생산'이라고 할 수 있습니다.

메타버스 시대 '재미'는 제품이자 수입원.

'재미'의 사전적 의미는 즐거움과 흥미를 불러일으키는 느낌이나 분위기입니다. 사실 우리가 돈을 지출하는 순간을 떠올려보면 '재미'와 관련이 있습니다. 먼저 먹는 재미를 살펴보겠습니다. 배달 앱을 들여다보며 메뉴를 고르는 재미, 직접 맛을 느끼는 재미, 새로운 매장에서 신메뉴를 발견하는 재미들은 즉각적인 소비와 연결됩니다. 카카오톡을 할 때 단순하게 글을 쓰는 것보다 재미있게 대화하기 위해서 이모티콘을 구입하기도 합니다. 아바타를 꾸미는 재미를 느끼며 메타버스에서 사용하는 캐릭터의 옷과 장신구를 구매하기도 합니다. 웹툰을 보는데 너무 재미있어서 다음 회차를 빨리 보려고 캐쉬를 구매해서 보기도 합니다. 우리는 모두 이렇게 재미를 얻기 위해서 소비를 합니다.

또한 재미의 의미는 어떤 일에서의 좋은 성과나 보람을 의미하기도 합니다. 게임을 하는데, 아이템이 더 있으면 승리하고 레벨이 상승할 수 있을 때 게임머니를 구매하고 아이템을 삽니다. 확보한 아이템은 좋은 성과를 제공해 줄 것이기 때문입니다. 구상했던 웹소설을 무료 연재하기 시작했는데, 사람들이 재미있다고 마구 추천을 눌러주었습니다. 얼마 뒤 제작사에서 계약하자는 전화를 받고 작가가 유료 연재를 시작하였다면 좋은 성과에서 오는 재미를 느낄 수 있습니다.

학교에서 수행평가로 모두에게 환경 글쓰기 대회에 참가할 글을 한 편씩 써오라고 해서 억지로 썼습니다. 그런데 얼마 뒤 혼자만 수상했다는 소식을 들었다면 그 또한 좋은 성과나 보람에서 오는 재미의 시작이 됩니다. 맛집을 검색해서 갔는데, 줄이 너무 길고 시간은 없어서 그 근처 새로 생긴 음식점을 선택해 들어갔는데 맛집이었고, 친구들에게는 금손이라고 칭찬을 받았다면 그것도 재미를 느낄 수 있습니다. 이렇게 자신이 먼저 선택을 하고 그 결과가 좋고 보람을 느낄 때도 우리는 재미있다고 느낍니다. 장식장이 꽉 차도록 피겨나 수집품을 소장하는 데 재미를 느끼는 사람도 있고, 반대로 미니멀 라이프를 추구하며 비우는 데서 재미를 추구하는 사람도 있습니다.

인공지능으로 대체될 확률이 낮은 직업

'재미'를 주고 소득을 올리는 대표적인 분야는 앞서도 설명했듯이 콘텐츠 크리에이터입니다. 유튜브 콘텐츠가 가지는 특성에 관해서 설명해 보겠습니다. 영상물, 소설, 웹툰, 시나리오 등 무형의 상상력에서 유형의 결과물을 생산하는 모든 창작자를 의미합니다. 한국고용정보원이 발표한 2016년 조사 결과는 2021년 현재의 직업군 변화와 일치하며 많은 시사점을 줍니다. 물론 인공지능이 대체하지 못할 직업에 대한 연구 결과이지만, 메타버스 시대나 인공지능 시대나 미래 시대적인 배경은 미래로 같다고 볼 수 있습니다. 여하튼 인공지능이 대체하지 못할 직업 중 1위는 화가·조각가이고 5위는 에니메이터·만화가입니다. 현재 소프트웨어 개발자 못지않게 고소득층으로 분류된 직업군입니다.

2020년 방송된 드라마 '이태원 클라스', '쌍갑포차', '경이로운 소문', '여신강림' 등의 공통점은 모두 웹툰이 원작이라는 점입니다. 이렇게 웹툰이 드라마가 되고, 또 영화가 되는 OSMU(one source multi use)는 2019년부터 대세 장르가 되었습니다. 우수한 스토리를 웹툰으로 소설로 영화로 그리고

인공 지능으로 대체될 확률이 낮은 직업

사람의 감성과 창의성에 기초한 예술 관련 직업과 인간과 소통이 필요하거나 사람간의 공감이 필요한 직업은 사라질 가능성이 낮다.

01	화가 및 조각가	11	패션 디자이너	21	대학교수
02	사진 작가 및 사진사	12	국악 및 전통 예능인	22	마술사 등 기타 문화 및 예술 관련 종사자
03	작가 및 관련 전문가	13	감독 및 기술 감독	23	출판물 기획 전문가
04	지휘자 · 작곡가 및 연주가	14	배우 및 모델	24	큐레이터 및 문화재 보존원
05	애니메이터 및 만화가	15	제품 디자이너	25	영상 · 녹화 및 편집 기사
06	무용가 및 안무가	16	시각 디자이너	26	초등학교 교사
07	가수 및 성악가	17	웹 및 멀티미디어 디자이너	27	촬영 기사
08	메이크업 아티스트 및 분장사	18	기타 음식 서비스 종사원	28	물리 및 직업 치료사
09	공예원	19	디스플레이어 디자이너	29	섬유 및 염료 시험원
10	예능 강사	20	한복 제조원	30	임상심리사 및 기타 치료사

(2016년, 한국고용정보원)

드라마로 만들면 고정 독자층이 있어서 시청률도 확보하고 실패를 최소화할 수 있습니다. 드라마 한 편의 제작비가 120~300억이라고 보면, 성공 가능성이 높은 원작을 드라마화하는 것이 투자를 받기에도 쉽고, 배우를 캐스팅하기도 수월합니다. 그리고 PPL을 많이 받을 수 있기 때문에 제작사 입장에서는 제작 수입을 기대할 수 있습니다.

우수한 원천 콘텐츠가 풍부한 제작비와 우수한 배우와 스태프의 노력으로 영상화되는 멀티유즈(multi use) 단계를 거치면 판권을 가진 제작사는 매해 저작권 수입을 벌어들일 수 있습니다. 최근 조회 수가 높은 인기 웹툰들은 전체 100화 중에서 채 12회가 연재되기도 전에 드라마, 영화 등 영상 제작 판권 계약이 이루어지는 상황입니다. 인기 정도에 따라서 적게는 2~3천만 원에서 10억 원을 호가하는 경우도 있습니다. 작가 입장에서는 한 작품으로 여러 번 인세를 받게 되는 셈이지요. 게다가 전 세계로 판권이 팔리면 작가의 수입은 수직 상승합니다. 우리가 익히 알고 있는 '신과 함께' 영화도 웹툰이 원작입니다. 2020 최고의 흥행 웹툰 '여신강림'의 야옹이 작가는 자신의 SNS로 미모를 뽐내며 유명세를 치렀습니다.

우리나라와 아시아권을 필두로 SNS 팬덤이 형성되며 웹툰 판권도 눈 깜짝할 사이에 팔려나가며 현재 웹툰 작가로서 최고의 전성기를 인기를 누리고 있습니다. 3위에 올라가 있는 작가도 창작 결과물이 그림이냐 글이냐만 다를 뿐 콘텐츠 크리에이터라는 공통점을 가지고 있습니다. 이러한 작가들과 창작자들은 자신들의 전문적인 필력으로 인정받으며 메타버스에서 팬들과 소통하고 있답니다.

이렇게 웹툰, 웹소설 시장이 게임 시장만큼 커지면서 온라인 플랫폼에서 재미를 제공할 작가도 부족하고, 플랫폼을 개발하고 유지하고 보수하는 직종의 인력도 부족해지기 시작했습니다. 이제 수학, 국어, 영어 등 좋은 대학을 가기 위해 필요한 지식보다 나의 재능 영역과 관련된 지식, 정보를 꾸준히 스스로 향상해야 하는 시대가 왔습니다. 부족한 능력을 채우는 활동이 아니라 자신만의 재능을 극대화하는데 시간을 투자하는 것이 메타버스 시대의 창직의 지름길이라고 말하고 싶습니다.

『미래직업 다이어리 2』에서는 SBS〈정글의 법칙〉김준수 PD님의 예능

PD라는 직업으로 시작합니다. 이후 서울대학교 영상의학과 최승홍 교수님의 인공지능과 함께 사람들을 진료하게 되는 미래 의사라는 직업을 미리 만나볼 수 있습니다. 요즘 인공지능이 기사를 쓰는 일은 낯선 일이 아닙니다. 특히 스포츠나 증권 관련된 기사는 현재 인공지능이 더 많이 작성한다고 해도 과언이 아닙니다. 그래서 경향신문사 엔터부 기자인 이유진 님을 통해서 미래 기자라는 직업에 대해 함께 상상해 보는 시간도 마련했습니다. 이렇게 책의 중반을 넘어가면 웹소설 작가인 아이박슨 작가님이 웹소설 작가 되는 과정에 대해서 소개하고, 소중한 기획안과 콘티를 공유해주셨습니다. 뒤이어 지능형 과학실을 기획, 개발하는데 참여하시는 손미현 선생님께서 미래 교육 콘텐츠 개발자는 어떤 일을 해야 하는지 알려줍니다. 마지막으로 연료전지를 만드는 김정현 신소재공학과 교수님께서 연구자 및 교수가 되는 과정에 대해 설명해주십니다.

『미래직업 다이어리』 시리즈는 미래 직업에 대한 답을 주는 것이 아니라, 자기 스스로에게 질문을 던졌으면 하는 바람에서 기획하였습니다. 독자분들이 이 책에 소개된 저자 중에서 롤모델을 찾아 창직을 해 나갈 수 있다면 정말 좋겠습니다.

Contents

CHAPTER 02 인공지능 시대의 의사

CHAPTER 03 미래를 개척하는 연예부 기자

CHAPTER 04   문화 콘텐츠 대표 주자 웹소설 작가

김준수

SBS 예능본부 PD | 대원외국어고등학교 중국어과 | 연세대학교 신문방송학과 학사 |
SBS 신입 공채 12기(2004년) PD 입사 | 주요 연출 프로그램 〈즐거운 가〉, 〈백종원의 3대 천왕〉, 〈백종원의
푸드트럭〉, 〈백종원의 골목식당〉, 〈정글의 법칙〉
E-mail: min0@sbs.co.kr

CHAPTER 01

방송국 예능 PD

프롤로그
(Prologue: 들어가기에 앞서)

'누구나 PD가 될 수 있고, 누구라도 PD를 그만해야 하는 시대'

요즘 세상에서 PD라는 직업에 대한 전망을 말한다면, 저는 이렇게 감히 단언할 수 있습니다. 우리는 2020년 코로나 대유행의 시대를 지나 이제는 전 세계에 백신이 보급되면서 2021년 포스트 코로나 시대를 살고 있습니다. 코로나라는 질병과 더불어 대면 접촉이 줄어들고 언택트(Un+conTact)가 일상화되면서 이른바 '메타버스'의 시대가 가속화됐습니다. 김상균 교수가 그의 저서 『메타버스』(2020; 플랜비디자인; p.11, 〈사진 1〉)에서 언급했듯이, '메타버스{Meta(가상의, 상상의)+uniVerse(세계)}'는 4차 산업혁명, AI(인공지능)와 더불어 우리가 사는 이 세상을 한층 더 바꿔놓을 것입니다. 이렇게 지고 일어나면 세상이 바뀌는 시대에 과연 PD, 구체적으로 말해서 'TV 예능 PD는 어디로 가야 할 것인가?'라는 질문은 제가 매일 온몸으로 느끼는 스트레스이고 압박감이며 고민입니다. 이런 저의 고민은 『메타버스』 책 추천사에도 고스란히 적어놓았습니다.

〈디지털 지구, 뜨는 것들의 세상〉

메타버스

METAVERSE

김상균 지음

당신은 메타버스에 살고 있는가?
늦기 전에 디지털 지구—메타버스에 올라타라

〈사진 1〉『메타버스』 책 표지와 추천사 일부

그 책을 정독한 결과 제가 내린 결론은, 이 시대에 예능 PD로 살아남기 위해서, '메타 버스'에 먼저 올라타서(?) 그 변화를 즐기면서 앞으로 나아가야 한다는 것입니다. 그리 고 올라탈 수 있는 티켓을 가진 직업이 예능 PD요, 앞으로 더욱더 변화무쌍하게 달라 질 디지털 미디어 시대에도 살아남을 수 있는 미래 직업이 바로 예능 PD입니다. 이런 메타버스 버스표(?)를 가진 직업은 어떤 일을 하고, 어떤 가능성이 있고, 어떻게 그 버 스를 탈 수 있는지 그리고 어떻게 해야 버스를 타고도 제대로 목적지까지 도달할 수 있 을지를 알려드리겠습니다.

CHAPTER 01

예능 PD란 무엇인가?

예능 PD(Producer 혹은 Program Director)라고 했을 때, 우리가 흔히 말하는 게 예능 프로그램의 연출자입니다. 한 프로그램의 메인 연출자는 그 프로그램을 제작하는 데 있어서, 전체적인 일을 총괄하고, 책임을 지는 사람입니다. 전체적인 일이라고 하면, 앞으로 설명하겠지만 프로그램을 기획, 촬영, 편집하는 전 과정의 일을 말합니다. 그런데 사실 조금 광범위하게 프로그램의 PD라고 하면, 이렇게 메인 연출자만 의미하는 것은 아니고, 공동연출, 조연출, 더 나아가 편집 감독, FD(Floor Director)도 예능 프로그램의 PD입니다.

PD 업무는 정해진 OJT(On the Job Training; 종업원 훈련방식) 책이나 개론서, 각론서가 존재하지 않습니다. 관련 서적을 몇 번 읽고 나면 손쉽게 그 일을 수행하거나 그 업무에 임할 수 있는 직업이 아닙니다. 이 내용은 제가 전에 공동 집필한 책『예능 PD 7人이 작심하고 쓴 TV 예능 제작 가이드』(2018; 이동규, 김준수 외 5인; 청문각; p.101)에서도 언급한 바 있습니다. 예능 PD 중에서도 메인 연출, 공동 연출, 조연출이 보통 그 TV 방송사 소속 직원인데, 연차에 따라 연출, 조연출로 나뉩니다. 입사한 지 얼마 안 된 연차가 낮은 조연출은 정해진 매뉴얼에 따라 일하는 것이 아니라 연출 선배가 하는 업무를 어깨 너머로 지켜보면서 그 노하우를 터득하고 밤샘 작업을 통해 촬영, 편집 등의 업무 기술을 스스로 익힙니다. 물론 요즘은 주 52시간 근무제로 인해 밤새고 일하는 경우는 거의 없습니다.

예전에는 PD라는 직업의 업무 강도가 얼마나 높았으면, 우스갯소리로 PD를 P(피)곤하고 D(드)러운 직업이라고 했겠습니까? 혹시라도 여러분 중에서 '예능 PD가 되면 평소 보고 싶었던 아이돌과 연예인을 원하는 대로 언제든지 만나볼 수 있지 않나?' 해서 이쪽 일을 막연히 동경할 수도 있습니다. 근데 조연출이나 FD의 업무강도가 어느 정도인지를 알게 되는 순간 바로 이쪽 일에 대한 꿈과 환상이 한순간에 깨질 수도 있습니다.

〈사진 2〉『예능 PD 7人이 작심하고 쓴 TV 예능 제작 가이드』 책 표지

예능 PD는 새로운 것을 늘 고민하고 창조해야 하면서도 꾸준하게 루틴으로 그 일을 수행해야 하는 창조성과 성실성을 겸비해야 하는 직업입니다. 그래서 제가 어디에 글을 쓰거나 강의할 때 늘 강조하는 PD의 자질이 끼(감성), 성실성 그리고 인성입니다. 다시 말해 이 3성을 갖추면 성공적인 PD 생활을 할 수 있을 거라고 생각합니다.

끼(감성)는 자신만의 창조적이고 예술적인 것을 만들어내는 능력입니다. 연기하는 능력, 노래하고 춤추는 능력, 진행 능력, 농담, 위트, 재치를 지닌 화술을 가진 능력 등 이런 끼는 사실 갖고 태어나는 경우가 많습니다. 가수, 배우, 탤런트 등 연예인들이 대부분 이런 끼를 많이 갖고 있고, 그래서인지 감성도 풍부합니다. 예능 PD도 비록 연예인은 아니지만, 특유의 끼가 필요합니다. 농담과 우스갯소리로 주변 사람들을 즐겁게 하는 능력, 사람들과 친하게 지내는 능력, 눈치껏 행동하는 능력, 남들이 잘하는 걸 포착하는 능력, 출연자들이 카메라 앞에서 마음껏 자신의 능력을 발휘하게끔 유도하는 능력, 누가 앞으로 스타로 성장할지를 내다보는 능력, 찍어온 촬영 영상을 가지고 편집을 잘 해내는 능력, 남들보다 재밌게 자막을 쓰는 능력, CG와 BGM 등을 적재적소에 집어넣는 능력 등은 예능 PD 특유의 감(감성)과 끼입니다. 그리고 이것들도 대개는 타고나는 능력이기도 합니다만, 후천적인 노력과 훈련을 통해서 부족분을 채우고 극복하는 PD들을 많이 봐왔습니다.

그래서 성실히 노력하는 자세가 더욱 중요할 수 있습니다. 끼나 감성이 다른 PD들보다 조금 부족하더라도 본인이 그것을 극복하기 위해 남들보다 더욱 성실하게 노력하고 분발한다면 충분히 선천적인 끼의 차이도 만회할 수 있습니다. 예능 프로그램을 더 많이 보고 공부한다면 위에서 얘기한 자막, 편집, 안목 등의 능력 등을 충분히 성장시킬 수 있습니다. 또한, 방송 판에 있어서 약속과 시간 등의 정해진 룰을 성실히 지키는 노력이 필요합니다. '방송사에서 시간은 금'이라고 할 정도로 시간의 엄수가 굉장히 중요합니다. 생방송 시간을 지키는 것은 물론이고, 편집 마감 시간, 촬영 출발 시간 등 이런 것들을 지키는 성실함이 PD에게는 꼭 필요합니다. 방송법이나 그 외 관련 법규상 하지 말아야 할 행동을 할 경우, 아무리 촬영을 잘하고, 아무리 편집을 잘해도 훌륭한 PD가 될 수 없습니다. 또한 성실함에는 다른 의미도 있습니다. 그것은 PD라는 직업 수행능력을 유지하는 일에도 부지런해야 함을 뜻합니다. 최신 트렌드와 유행은 무엇이고, 인기 연예인이 누구인지와 같은 예능 PD라면 알고 있어야 할 것들에 대해 늘 촉각을 곤두세우고 예민함, 민감함을 유지하는 노력이 필요합니다.

인성이라는 자질도 무시할 수 없는 부분입니다. PD의 인성이나 마음가짐이 은연중 프로그램에 드러납니다. 그것은 기획 의도 속에 숨겨져 있을 수 있고, 촬영 방식에도 함께할 수도 있으며, 편집 내용 혹은 자막에 나타날 수 있습니다. 제대로 된 인성을 갖추지 않은 PD가 만드는 프로그램이 시청자들에게 선한 영향력을 끼칠 수 없음은 굳이 말하지 않아도 아실 겁니다. 또한 예능 PD는 수많은 출연자, 스태프와 함께 프로그램을 제작합니다. 그리고 그들을 총괄하고 이끌어가는 사람이 바로 연출자 PD입니다. 그래서 모 PD가

인성이 좋지 않다는 평이 돌기 시작하면, 그 PD는 자신이 원하는 연예인과 제작진을 결코 모실 수 없고, 결과적으로는 본인이 원하는 프로그램을 만들 수 없게 됩니다. 이런 점에서 언제 어디서나 누구를 만나도 갖춰야 하는 기본적인 윤리적, 도덕적 자세가 PD에게 필요한 것입니다. 기본적으로 지켜야 할 선을 넘어서는 안 된다는 뜻입니다.

사실 예능 PD라는 직업이 일을 하다 보면 심하게 바쁘고, 목표에 대한 스트레스가 심해서 막말로, 시청률의 노예(?)로 전락하기 쉽습니다. 그러다 보면 자기밖에 모르게 되고, 주변을 돌아보지 않게 됩니다. 때로는 우쭐함에 자기 계발을 소홀히 할 수도 있습니다. 그러면 위에서 언급했던 끼, 성실성, 인성 중 끼만 남고 성실성과 인성은 온대간데없어지고 맙니다. 잘 나가는 PD, 스타 PD만을 좇을 것이 아니라, 훌륭한 PD, 찐(?) PD가 되기 위해 노력해야 합니다.

예능 프로그램이란?

예능 프로그램은 한마디로 방송사 제작진이 기획 의도를 갖고 연예인 출연자를 카메라로 촬영해서 재미있게 편집해 만든 것을 말합니다. 이 일련의 과정은 노동집약적인 단체 작업입니다. PD, 작가, 카메라 감독 등 수십 명의 방송 스태프가 몇 시간 이상 연예인을 촬영하고 그것을 수십 시간 이상 편집하고 후반 작업을 해야 한 시간 이상의 예능 프로그램 한 편이 나옵니다.

〈사진 3〉 스튜디오 촬영을 앞두고 하는 전체 스태프 회의

예능 프로그램의 제작은 크게 3단계로 나뉩니다. 기획, 촬영, 편집 단계입니다. 기획은 새로운 프로그램을 만들기 위해 회의 및 아이디어 교환을 통해 프로그램 기획안을 만드는 작업입니다. 기획안에는 프로그램 제작을 하게 된 기획 의도가 들어갑니다. 〈정글의 법칙〉은 대자연 속에서 출연자들이 최소한의 도구로 자급자족 생존을 하는 것이 기획 의도이고, 〈골목식당〉은 죽어가는 골목식당들을 솔루션을 통해 재생, 부활시키는 것이 그것입니다. 식당이 가게 문을 열고 5년 안에 망하는 요식업 폐업률이 80%라는 어렵고 힘든 현실 속에서 영세한 자영업자를 살리고 골목길을 부활시켜 제2의 가로수

길, 경리단길, 황리단길을 만들고자 하는 것이 프로그램을 만든 이유였습니다. 이런 프로그램 콘셉트가 바로 기획 의도이고, 기획 의도를 갖고 새 프로그램을 만드는 것을 기획이라고 합니다.

　기획은 이런 새 프로그램의 기획 외에도 기존 프로그램의 시리즈별 기획도 있습니다. 〈골목식당〉의 각 골목 시리즈(보통 4~5회 분량 정도)는 그 시리즈마다 조금씩 콘셉트가 다릅니다. 〈정글의 법칙〉 역시 시리즈마다 그 장소가 다를 뿐만 아니라 시즌 콘셉트가 다릅니다. 각기 달라도 '자급자족 생존'이라는 대전제는 마치 〈정글의 법칙〉의 시그니처처럼 존재합니다.

　〈정글의 법칙 in 추크〉 시리즈는 〈사진 4〉에서 보듯이, 태평양 한가운데의 작은 배 위에서 한 사람이 조난을 당한 상황으로 시작합니다. 그 조난당한 사람이 바로 김병만 족장입니다. 족장 외의 다른 출연자들 역시 각기 두 그룹으로 나뉘어서, 한 그룹은 태평양 망망대해 한가운데 모터보트 안에서 조난당

〈사진 4〉 〈정글의 법칙 in 추크, 폰페이〉 포스터
자료 출처: SBS 홈페이지(www.sbs.co.kr)

하고, 다른 한 그룹은 태평양 한가운데 미지의 섬에서 고립된 채 조난을 당합니다. 이렇게 병만 족장과 각 그룹이 각자의 섬에 흩어져 무전기와 몇 가지 남겨진 흔적의 표식을 통해 다른 부족원들을 찾아내 결국 다 함께 한 섬에서 공동 생존하는 것이 이 시리즈의 콘셉트였습니다. 즉, '조난생존'이 시즌 기획 의도였습니다. 〈정글의 법칙〉 국내 편 '개척자들' 시리즈는 폐가의 물품을 이용한 '폐가 생존', '욕망의 섬: 펜트 아일랜드' 시리즈는 상상을 마음껏 펼치면서 자급자족하는 '상상 생존'이 시즌 콘셉트였습니다(〈사진 5〉 참조).

〈사진 5〉 〈정글의 법칙〉 국내 편 시리즈 포스터들
자료 출처: SBS 홈페이지(www.sbs.co.kr)

기획 단계에서 충분하게 프로그램 콘셉트가 잡히면 그때 논의된 촬영 스케줄과 구성안에 맞게 촬영이 이루어집니다. 촬영이란 촬영 공간에 출연자들이 있고, 이를 카메라, 조명, 마이크 등의 촬영 장비를 동원해 찍는 것을 말합니다. 촬영 장소에 따라 실내 스튜디오와 야외로 나뉘고, 이것은 뒤에 설명하겠지만, 스튜디오물(物)과 야외물(物)로 예능 프로그램 종류를 나누는 기준이 되기도 합니다. 스튜디오물에서는 스튜디오 카메라가 주로 쓰이고, 야외물에서는 ENG(Electronic News Gathering: 뉴스 취재용 카메라로 어깨에 메고 찍는 카메라) 카메라가 주로 쓰이는데, 촬영이 잘 되어야 편집이 쉬워지고 전체적인 프로그램 내용도 재미있게 나오게 됩니다. 촬영 얘기는 뒤의 예능 프로그램 종류에서 주로 설명하므로 여기서는 이 정도만 설명하겠습니다.

마지막으로 편집 단계입니다. 아무리 촬영이 잘못되어도 편집만 훌륭하면 그림을 살릴 수 있습니다. 편집은 촬영해온 영상 소스를 가지고 재미있게 잘라 붙이는 과정입니다. 물론 이 편집은 크게 봐서, 영상 편집, CG, 자막, 음악, 효과 등의 모든 후반 작업까지 다 통틀어서 지칭하는 것입니다. 똑같은 촬영 소스를 갖고도 어떤 PD, 어떤 편집 감독, 어떤 제작진이 편집하느냐에 따라 그 결과물은 크게 달라질 수 있습니다. 예를 들어, 아침에 일어나서 세수하고 학교 갔다가 수업 받고 집에 돌아오는 하루의 일과를 ENG 카메라, 6mm(한 손에 들고 찍는 카메라) 카메라, 거치 카메라(고정시켜 놓고 장시간 돌리는 카메라) 등 각종 카메라를 동원해서 쭉 찍은 촬영 소스가 있다고 합시다. 이것을 누가 어떻게 편집하느냐에 따라 배꼽 빠지는 예능물, 심각한 시사교양

〈사진 6〉 스튜디오 촬영장의 수많은 카메라

〈사진 7〉 수십 대 카메라를 셀렉팅하는 콘솔 기계

〈사진 8〉 스튜디오 녹화 촬영 현장에서 출연자들과 지켜보는 PD

물, 한 편의 영화 같은 드라마물이 될 수 있는 것입니다.

예능 PD는 〈사진 9, 10〉과 같은 개인 편집실에서 수십 대의 카메라로 찍어
온 소스를 줄(Layer; 레이어)을 세워 놓고, 밤새 편집하면서 찍어온 그림을 이
런 식, 저런 식으로 자르고 붙이고 바꾸면서 최대한 재미있는 영상물을 만듭
니다. 그래서 단 20분 분량의 편집물을 만드는데도 2~3일씩 밤을 새우고 만
들 정도의 정성과 노력이 필요합니다.

〈사진 9〉 개인 편집실

〈사진 10〉 수십 대의 카메라 소스를 편집하는 중

예능 프로그램의 종류

예능 프로그램은 위에서도 잠깐 언급했듯이 찍는 장소와 카메라의 종류의 따라서 스튜디오물과 야외물로 나뉩니다. 스튜디오물은 무거워서 거의 들고 다닐 수 없는 바퀴 달린 스튜디오 카메라(〈사진 11〉 참조)를 최소 4대에서 많게는 20대까지 활용해 PD가 카메라 번호를 콜(Call; 컷팅)하고, 옆에 앉은 기술 감독이 그 콜에 맞추어서 카메라 컷팅을 셀렉팅(Selecting)하면서 무대와 출연자의 모습을 다양하게 잡으면서 촬영합니다.

〈인기가요〉와 같은 가요 프로그램이나 가요 쇼, 〈웃음을 찾는 사람들〉과 같은 코미디, 〈1억 퀴즈쇼〉와 같은 퀴즈 프로그램, 〈순풍 산부인과〉와 같은 시트콤, 〈백종원의 3대천왕〉, 〈스타킹〉과 같은 스튜디오 버라이어티 프로그램 등이 예능 스튜디오물에 속합니다. 정교한 편집을 필요로 하는 프로그램 보다는 쇼 무대에서 벌어지는 것들을 현장의 스튜디오 카메라로 잘 잡는 게 중요한 프로그램들이 대부분입니다. 전통적인 방식의 예능 프로그램이 주로 이러한 형태로 생방송 또는 편집 녹화 방송으로 제작됐습니다. 그래서 보통 우리가 '정통 예능 프로그램'이라고 생각하면, 머릿속에 바로 떠오르는 게 주로 이런 스튜디오 카메라로 찍는 스튜디오물 포맷입니다.

〈사진 11〉 예능 스튜디오물에서 주로 쓰는 스튜디오 카메라

〈사진 12〉 다양한 앵글을 잡을 수 있는 지미집 카메라

야외물은 말 그대로 실내라는 정해진 스튜디오가 아닌 야외에서 ENG 카메라로 촬영하는 예능 프로그램을 말합니다. 그래서 야외물을 주로 야외 ENG물이라고도 합니다. ENG 카메라, 6mm 카메라(6mm 테이프를 넣는 방식의 카메라였지만, 현재는 메모리 카드에 영상을 저장), DSLR 방식 카메라(5D 카메라 내지는 C300 카메라 등)를 감독이 직접 들고서 찍는 방식으로 촬영합니다. 〈아이돌 육상 선수권 대회〉와 같은 스포츠·게임 예능, 〈런닝맨〉과 같이 미션을 수행하는 위주의 리얼 버라이어티 예능(그냥 리얼리티 예능이라고도 부르기도 합니다), 〈골목식당〉처럼 출연자의 모습을 거치 카메라를 통해 관찰하고 그것을 편집하는 관찰 리얼리티 예능이 있습니다.

〈사진 13〉 야외 ENG물의 전형적인 카메라 대형

〈출발 드림팀〉, 〈아육대〉와 같은 스포츠 · 게임 예능 등의 야외 ENG물은 주로 특집 프로그램 성격을 띠면서 주로 명절 때 선보이는 경우가 많았습니다. 리얼 버라이어티 예능 프로그램은 대표적으로 〈무한도전〉, 〈1박 2일〉, 〈런닝맨〉 등이 있습니다. 출연자들이 미션 수행이나 보물찾기 등의 육체적· 정신적 과제를 집단으로, 때로는 개인으로 풀어나가고 그 과정을 있는 그대로 카메라에 담아서 재밌게 편집하는 형태로 제작됩니다. 우리나라는 2000년도 초반부터 이 포맷이 본격적으로 시작되어 지금까지도 시청자들의 많은 관심과 사랑을 받는 인기 예능 포맷입니다.

그러다가 2010년 이후에 거치 카메라가 보급화, 일반화되면서 등장한 것이 바로 관찰 리얼리티 예능입니다. 출연자의 리얼한 모습을 제작진이 관찰하면서 촬영하고, 그것을 재밌게 편집해서 방송하는 형태입니다. 이 형태는 2012년도 이후로 지금까지 대한민국 시청자들의 가장 높은 관심과 사랑을 받는 포맷인데, 결국은 야외 ENG물 중에서 리얼 버라이어티가 변화, 발전, 진화해서 생긴 것입니다. 2021년 현재도 이 관찰 리얼리티물은 우리나라 예능에서 가장 많이 쓰이고 인기 있는 포맷입니다. 따라서 이 포맷에 대해 자세히 알아보기로 하겠습니다.

관찰 리얼리티 예능

관찰 리얼리티 예능은 야외 ENG물 중에서도 리얼 버라이어티 예능에서 가지 쳐서 나온 포맷입니다. 제작진이 출연자의 모습을 지켜보는 3인칭 관찰자 시점의 예능입니다. 리얼 버라이어티 예능만 하더라도 〈사진 13〉에서 보듯이 PD가 촬영 현장 바로 앞에 포진한 카메라 감독 사이에 앉아서 직접 촬영 현장을 지켜보면서 촬영 디렉션을 줍니다. 그 디렉션은 카메라 감독이나 조명 감독 등의 촬영 스태프를 향한 디렉션일 수도 있고, 출연한 연예인을 향한 디렉션일 수도 있습니다. 리얼 버라이어티 예능 출연자들 역시 앞에 있는 PD나 스태프의 눈치도 보고, 리액션도 보며, 멘트도 들으면서 상호소통을 해가며 촬영에 임합니다. 그래서 리얼 버라이어티 촬영은 PD가 단순 3인칭 관찰자처럼 개입하지 않고 그냥 지켜보는 관찰 리얼리티 촬영과 분명 다릅니다. 오히려 PD가 촬영 현장에 깊게 관여하고 참여하고, 알게 모르게 제작 스태프와 출연자와 교감하면서 촬영합니다.

관찰 리얼리티 예능은 PD, 작가들이 모니터 룸이라는 공간에서 모니터 화면을 통해 촬영 현장을 지켜봅니다. PD나 작가가 촬영 스태프에게 디렉션줄게 있으면, 인터컴을 통해 카메라 감독들에게 얘기를 합니다(〈사진 14~16〉 참조). 예를 들어, 출연가 눈동자를 타이트하게 잡고 싶으면, 인터컴으로 "눈만 타이트하게 잡아주세요"라고 합니다. 그러면 인터컴을 통해 내용을 들은 카메라 감독이 일사불란하게 그 디렉션에 맞추어서 카메라를 움직입니다

〈사진 14〉 모니터 룸서 촬영을 지켜보는 제작진

〈사진 15〉 거치 카메라 모니터

〈사진 16〉 인터컴으로 디렉션 주는 PD

〈사진 17〉 PD이 디렉션을 듣고 카메라를 찍는 카메라 감독

(〈사진 16~17〉 참조). 상황이 좀 지루하게 흘러간다 싶으면, 모니터 룸의 PD 와 작가는 카메라 감독에게 상황을 그만하자고 하기도 하고, 예상외로 재밌

게 흘러가면 계속 이대로 가자고 하기도 합니다.

　그리고 카메라 감독 중 일부는 삼각텐트, 매직미러 등에 숨어서 출연자들을 찍습니다. 매직미러라고 하는 것은 〈사진 20〉에 나오는데, 밖에서는 안이 안 보이고, 안에서는 밖이 보이는 거울입니다. 그 안에 카메라 감독이 숨어서 촬영을 하면, 출연자는 카메라 감독이 거울 안쪽에 있는 것을 인지하지 못하고, 반대로 카메라 감독은 자연스럽게 벌어지는 상황을 렌즈 안에 담을 수 있습니다. 여기서 더 나아간 게 원격 조종 거치 카메라인데, 〈사진 21〉을 보면, 출연자 활동 공간에 리모트 카메라를 설치하고, 그것을 모니터 룸에서 조이스틱으로 조종하면서 출연자들의 일거수일투족을 화면에 담을 수도 있습니다. 이러한 일련의 카메라 세팅이 앞에 소개했던 다른 포맷의 예능 등과 비교해서

〈사진 18〉 삼각텐트 속 카메라

〈사진 19〉 거치 카메라

〈사진 20〉 매직미러

〈사진 21〉 리모트 거치 카메라

〈사진 22〉 집 안 곳곳에 설치하는 거치 카메라

어떻게 보면 좀 답답하고 지루한 촬영처럼 보일 수 있습니다. 하지만 이렇게까지 제작진이 출연자로부터 꽁꽁 숨고, 투명 인간처럼 변하는 데는 다 이유가 있습니다. 카메라나 PD가 보이지 않는 공간에서 촬영해야만 출연자들이 다른 눈을 의식하지 않고 자연스럽고 리얼하게 하고 싶은 행동을 할 수 있기 때문입니다. PD가 연출 디렉션을 최소화하면 할수록 출연자의 리얼리티 촬영이 극대화되는 것입니다.

한마디로 '참고 기다리면서 그 안에서 재미를 뽑아내라'가 관찰 리얼리티 촬영에서 추구하는 바입니다. 결국 시간과의 싸움입니다. 촬영은 기본적으로 출연자들의 관찰을 필요로 하므로 장시간 걸리는 것이 당연하고, 그 장시간에 걸쳐 찍힌 거치 카메라 영상을 꼼꼼히 보면서 '메이킹'할 것을 뽑아내서 재밌게 편집해야 하므로 편집 역시 기존 예능 프로그램을 편집하는 시간보다 훨씬 더 많은 시간이 필요합니다.

편집에 있어서 메이킹(Making)이라는 것은 뒤에서도 설명하겠지만, 실시간 촬영된 것을 편집할 때 그냥 시간적 순서대로 붙이는 것이 아니라, 거기에 CG나 BGM을 넣어서 출연자 표정과 행동을 시간에 관계없이 짜깁기해서 붙이고, 상황을 최대한 재미있고 웃기게 극대화하는 예능 편집 기법입니다. 말하자면, 썸을 타고 있는 남녀 출연자의 손이 어쩌다가 살짝 스쳤을 때, "뚜루 뚜뚜 뚜루 뚜뚜" BGM이 깔리면서 여남 출연자 얼굴이 한 컷씩 타이트하게 붙여지면, '아, 이들에게 뭔가 시작됐구나!' 하는 느낌을 시청자들이 받게 됩니다. 여기에 출연자 주변에 꽃 모양 CG를 뿌려주면 더욱 그 상황이 극대화합니다. 이 BGM이 크렌베리즈의 'Ode to my family'라는 곡입니다. 예능 편집에는 이런 클리셰(전형적으로 틀에 박힌 생각) BGM들이 있어서 이 노래만 나와도 어떤 상황이라는 것을 시청자가 쉽게 유추하게 되고, 거기에 CG까지 있으면, '두 사람이 서로 좋아하게 되겠구나!' 하는 것을 명확하게 이해하게 됩니다. 이렇게 BGM과 CG를 편집에 활용해 관찰 리얼리티 예능의 내용을 한층 강화할 수 있습니다.

〈사진 23〉 와이어리스 마이크 수신기　　　〈사진 24〉 와이어리스 마이크 믹서기

〈사진 25〉 현장 수음 마이크　　　　　　　〈사진 26〉 촬영 현장을 밝히는 조명

2000년대 예능 프로그램 트렌드의 변화

　　그렇다면 2000년대 이후의 대한민국 예능 프로그램의 주요 포맷과 트렌드 변화를 한번 생각해보기로 하겠습니다. 2000년대 이전까지는 우리나라에 일본 예능 프로그램과 유사한 예능 프로그램들 많았던 것이 사실입니다.

하지만 〈무한도전〉, 〈1박 2일〉과 같은 우리나라 고유 스타일의 리얼 버라이어티 프로그램이 차례로 성공하면서, 더 이상 일본 프로그램과 유사한 내용과 형식의 프로그램은 나오지 않고, 이미 다 나왔다가 사라져버렸습니다. 일본 예능보다 오히려 더 재밌고 웰메이드 된 예능이 나오기 시작한 것입니다. 우리 예능과 일본 예능의 차이가 나기 시작한 시기가 2007~2008년도 〈1박 2일〉, 〈패밀리가 떴다〉 등이 대한민국에서 큰 흥행을 거둔 때부터라고 볼 수 있습니다. 그리고 더 나아가 K-예능이 국내외에서 인정할 만한 프로그램 경쟁력을 갖기 시작한 시점은 바로 관찰 리얼리티 프로그램이 우리나라에서 큰 인기를 끌기 시작한 때부터입니다.

2000~2010년도는 리얼 버라이어티의 시대였습니다. 〈무한도전〉, 〈1박 2일〉, 〈런닝맨〉 등이 차례로 나오고, 차례로 대박을 냈습니다. 그리고 〈무한도전〉을 제외하고 나머지 두 프로그램은 지금도 그 이름 그대로 그 인기와 명성을 이어나가고 있습니다.

2010년도 이후 이런 리얼 버라이어티 예능의 시대에서 서서히 관찰 리얼리티 예능의 시대가 꿈틀거리기 시작합니다. 우리나라 관찰 리얼리티 예능은 2011년 10월 21일에 첫 방송을 한 〈정글의 법칙〉이 그 기반을 마련하였고, 2012년 첫 방송한 〈나 혼자 산다〉부터 본격적인 관찰 리얼리티 예능의 시대가 시작됩니다. 이후 〈백년손님 자기야〉, 〈꽃보다 할배〉 순으로 관찰 리얼리티 예능, 관찰 예능이 대중화하면서, 2021년 오늘에 이르기까지 거의 10년간 대표 대한민국 예능 포맷으로 살아남아 있습니다. 〈슈퍼맨이 돌아왔

〈그림 1〉〈정글의 법칙〉메인 타이틀 로고
자료 출처: SBS 홈페이지(www.sbs.co.kr)

다〉,〈오 마이 베이비〉처럼 한 가정 곳곳에 거치 카메라를 설치하여 그 집에 사는 출연자 가족들의 일상을 거의 전부 촬영해서 재미있는 것들을 선별해 편집해서 만드는 방식이 대세 예능 촬영, 편집으로 각광을 받은 것입니다. 과거에는 출연자들이 스튜디오나 야외 촬영 공간에서 토크하고 게임하고 노래하고 춤추고 있고, 그 옆이나 앞에서 바로 출연자를 찍어서 만들었던 방식이 시청자들에게 익숙했던 제작방식이었습니다.

그런데 관찰 리얼리티 예능의 등장 이후로 시청자들은 달라졌습니다. 방안 각 모서리에서 카메라 감독 없이 알아서 돌고 있는 거치 카메라 촬영 소스만 갖고 만든 편집물들을 이상하거나 어색하게 느끼지 않게 됐습니다. 그리고 PD 등 제작진의 개입이 없고 그냥 출연자들끼리 알아서 생각하고 행동하는 식의 있는 그대로의 촬영 방식을 더 선호하게 되었습니다. 2010년대 중반 최고로 인기 있었던 예능 프로그램은 대부분 관찰 리얼리티 예능이었습니다.〈삼시세끼〉,〈슈퍼맨이 돌아왔다〉등이 전형적인 관찰 리얼리티 예능이고, 이 당시 이 두 프로그램이 시청자들의 많은 관심과 사랑을 받았습니다.

한마디로 관찰 리얼리티 예능은 이 당시 믿고 보는 예능 그 자체였습니다. 저역시 이 시기에 〈오 마이 베이비〉를 만들고 있었기 때문에 관찰 리얼리티 예능 제작방식에 대해 잘 알고 있습니다. 이를 바탕으로 『예능 PD 7人이 작심하고 쓴 TV 예능 제작 가이드』라는 책을 쓰기도 했습니다.

〈사진 27〉 〈오 마이 베이비〉의 한 장면

〈사진 28〉 셀카봉

〈사진 29〉 셀프 카메라 빅시아

2010년대 중반이 되면서 대한민국에 새로운 장르의 예능이 등장해서 서서히 인기를 끌기 시작합니다. 그것이 바로 먹방, 쿡방 예능입니다. 먹방은 먹는 방송을 의미하고, 쿡방은 요리하는(Cook) 방송을 의미합니다. 이 당시 TV를 틀기만 하면, 요섹남(요리하는 섹시한 남자) 셰프들이 나올 정도로 여러 예능 프로그램들에 이분들이 많이 출연하기도 했습니다. 먹방 하면 〈맛있는 녀석들〉, 쿡방 하면 〈냉장고를 부탁해〉가 이 분야의 시초였지만, 가장 대표적인 먹방, 쿡방 예능은 백종원 대표의 〈집밥 백선생〉, 〈백종원의 3대 천왕〉이었습니다. 〈3대 천왕〉은 '아는 만큼 맛있다'라는 기획 의도로 제작되었습니다. 백 대표가 〈사진 29〉에 나오는 '빅시아(셀프 거치 카메라의 일종, a.k.a. 백종원 카메라)'를 들고서 우리나라 곳곳의 맛집을 찾아다니고 직접 먹으면서 음식을 소개하는 먹방 VCR과 스튜디오에서 맛집의 주방장들이 직접 나와 그 음식이 어떻게 만들어지는지를 요리하면서 보여주던 쿡방의 두 가지를 모두 보여준 예능이었습니다. 먹방, 쿡방 프로그램들이 시청률이 잘 나오던 이 시기는 마치 '맛집 나오는 방송'이 시청률 맛집이 되던 때였습니다.

이런 먹방, 쿡방 예능은 2010년대 후반인 2017~2018년에 관찰 리얼리티 예능과 결합합니다. 드디어 식당 관찰 예능의 시대가 온 것입니다. 그게 바로 〈윤식당〉, 〈백종원의 푸드트럭〉, 〈백종원의 골목식당〉입니다. 식당에서의 영업을 관찰하면서, 그 안에 먹방과 쿡방을 자연스럽게 녹인 프로그램으로 〈골목식당〉은 여전히 시청자들의 사랑을 받으며 방송하고 있습니다.

2019년부터 트로트 전성시대가 옵니다. 〈미스트롯〉, 〈미스터트롯〉이 연이어 시청률 30%대를 찍으면서 트로트 오디션이 예능 프로그램의 큰 트렌드가 되었습니다. 2020년에도 트로트 오디션 프로그램은 인기가 있었고, 그 오디션 스타들을 데리고 스튜디오물인 음악 쇼, 야외물인 리얼 버라이어티, 관찰 리얼리티 예능으로 확장된 프로그램을 만들고 있습니다. 그와 동시에 트로트 오디션 출신 스타가 다양한 예능 장르의 메인이자 인기 방송인으로 성장해가고 있습니다. 〈트롯신이 떴다〉라는 트로트 오디션 프로그램 출신 박군이 〈정글의 법칙 개척자들〉 시리즈에 등장해 15년 특전사 경험과 경력으로 생존에 특화된 모습을 보이면서, 지금은 굉장히 핫한 연예인이 됐습니다. 여러 예능의 섭외 0순위가 됐음은 물론이고, 광고계에서도 러브콜이 여러 곳에서 올 정도입니다. 일각에서는 트로트 열풍을 "과열이다, 일시적인 것이다"라면서 부정적인 시각을 보이기도 합니다. 하지만 박군을 비롯한 임영웅, 이찬원 등의 뉴페이스 스타를 발굴해내는 트로트 오디션의 열풍을 나쁘게만 볼 수는 없습니다. 단지 그것에 편승해서 다른 장르는 외면한 채 계속 트로트 아이템만 붙잡는다면 그것은 분명히 문제일 것입니다. 그래서인지 2021년도 중반 현재는 트로트 오디션은 이미 살짝 주춤한 가운데, 아이돌 오디션 프로그램들이 다시 제작 붐을 타고 있고, 그 외 축구, 골프 등 스포츠 예능도 새롭게 방송되고 있습니다. 이미 '탈트로트 오디션' 시대에 진입한 지도 모르겠습니다. 이렇듯 다양한 장르가 등장하고 있는 2021년입니다. 이후 대한민국 예능의 전망은 뒤에 또 설명 드리겠습니다.

〈사진 30〉〈3대 천왕〉, 〈푸드트럭〉, 〈골목식당〉 포스터
자료 출처: SBS 홈페이지(www.sbs.co.kr)

관찰 리얼리티 예능의 인기 비결

그렇다면 관찰 리얼리티 예능은 어떻게 지금까지도 사랑을 받는 걸까요? 그 장르만의 매력과 장점이 분명히 있을 것입니다.

먼저, 현실성 있는 내용이 시청자들에게 큰 공감을 준 것입니다. 리얼리티의 힘입니다. 전통적인 예능은 위에서 언급한 것처럼 가요 쇼, 퀴즈 쇼, 코미디, 시트콤 등의 스튜디오물이 많았습니다. 그러다가 스튜디오 버라이어티 쇼, 야외 버라이어티 쇼, 리얼 버라이어티 예능이 생겨났고, 결국에는 관찰 리얼리티 예능까지 나온 것입니다. 리얼리티는 사실 예능보다는 교양에서 주로 추구하는 개념인데, 이제는 예능에서도 리얼리티가 빠져서는 그 생명력이 없다고들 합니다. 리얼리티가 없으면 시청자들은 프로그램을 볼 이유 혹은 의미가 없다고 느끼는 것 같습니다.

관찰 리얼리티 예능은 이런 리얼리티를 가장 큰 무기(?)로 갖고 있습니다. 관찰 리얼리티 안에서 출연자는 그 사람이 일반인이든 연예인이든 간에 거치 카메라 안에서 다들 진심으로 자신의 본 모습을 보여줍니다. 그리고 그 진심이 시청자들에게 느껴질 때 그 프로그램은 반드시 성공합니다. 〈슈퍼맨이 돌아왔다〉와 〈나 혼자 산다〉가 성공한 이유가 바로 이런 출연자의 실제 모습, 민낯이 진솔하게 화면에 담겼기 때문입니다.

또한 스토리텔링이라는 또 하나의 무기가 관찰 리얼리티 예능에는 있습니다. 이전 예능은 어쨌든 연예인 출연자가 나와서 웃고 떠들고 재미있게만 하면 시청자들이 그 프로그램을 봤습니다. 관찰 리얼리티 예능에서는 나오는 출연자가 캐릭터를 통해 매회별로 스토리를 만들어 나갑니다. 〈오 마이 베이비〉에서 정시아, 백도빈의 아이들 준우, 서우가 매회 다른 에피소드로 시청자들을 웃겼습니다. 이상한 아줌마, 아저씨를 투입시켰을 때의 아이들의 반응, 집에서 장난감 놀이를 하면서 부모와 아이들이 교감하는 모습, 엄마가 아들에게 영어를 가르치면서 벌어지는 일, 아이들끼리만 엄마의 심부름을 갔을 때 발생하는 해프닝 등이 각 회마다 주요 에피소드로 나왔습니다. 그런 일련의 사건들이 방송되면서, 준우와 서우는 그 프로그램 안에서 그 아이들만의 캐릭터가 서서히 쌓이면서, 발전합니다. 준우는 살짝 거칠지만 동생을 배려하는 자상한 오빠로, 서우는 공주님을 좋아하면서 해맑은 해피 요정으로 시청자들에게 인식됩니다. 이를 시청한 사람들은 흡사 드라마 연속극을 기다리듯이, 관찰 예능 프로그램을 기다렸다가 보면서 자신들이 생각했던 이들의 캐릭터와 이번 주에 나올 그들의 모습을 비교하고 맞춰봅니다. 때로는 일주일을 손꼽아 기다리기도 합니다. 이런 것이 바로 출연자의 캐릭터 빌드업을 통한 스토리텔링입니다.

그래서 관찰 리얼리티 예능이 처음 방송할 때, 바로 본방에 들어가기 보다는 출연자들의 활약상이나 하이라이트를 미리 보여주면서, 시청자들에게 '저 출연자는 이런 캐릭터구나!'를 읽을 수 있게끔 해줍니다. 〈정글의 법칙〉에서도 배우 출연자라서 조금은 연약할 거 같았는데, 예상과 다르게 억척스럽게 일하고, 자신감 있게 일하는 배우가 등장했습니다. 그 배우는 〈정글의 법칙 펜트 아이랜드〉 편에 나온 설인아였습니다. 대표적으로 정글의 법칙스러운 반전 매력을 보여준 출연자였습니다. 정글에서 뛰어난 파이팅과 생존 능력을 가진 것들을 몰아서 잘 편집해 보여주면 시청자들은 더욱 쉽게 그 출연자가 누군지 인지하게 됩니다. 때로는 '힘인아_힘이나'와 같은 자막을 넣

〈사진 31〉 〈정글의 법칙 펜트 아일랜드〉 시리즈에서 배우 설인아의 활약상들

어주면서 그 배우의 캐릭터를 잡아주기도 하고, 그 출연자만의 CG와 BGM을 넣어서 편집하기도 합니다. 그러면 시청자들은 아 저 배우는 힘든 일을 꺼려하고 피하는 소극적인 성격이 아니고, 자신감 있고 당찬 모습의 적극적인 배우라고 자연스럽게 느끼고 그 시리즈를 보는 내내 그런 행동들을 기대하고 예측하면서 시청하게 됩니다. 이렇게 캐릭터 빌드업이 성공적으로 이뤄지면, 그 관찰 프로그램은 큰 힘을 얻게 되고 시청자들의 많은 사랑을 받게 됩니다. 그래서 어떤 경우에는 관찰 리얼리티 예능이 보통 드라마보다도 훨씬 높은 시청률이 나오고 인기를 끌기도 합니다.

요즘은 기존에 예능을 꺼리던 톱스타들이 예능을 기피하지 않습니다. 기존의 토크쇼 등의 출연을 넘어서서 오히려 관찰 리얼리티 예능에 출연해 과감하게 자신의 사생활을 노출합니다. 이런 스타 캐스팅의 효과가 관찰 리얼리티의 인기의 한몫을 담당하고 있습니다. 아이돌 오디션 프로그램에서 1등을 하고, 그룹 워너원의 멤버였던 강다니엘을 예로 들 수 있습니다. 강다니엘은 지금도 엄청난 한류 팬들을 확보하고 있고, 아이돌 여론조사 팬덤 순위 랭킹에서도 거의 1위를 차지할 정도로 인기가 많습니다. 거기에 '집돌이'로도 유명한 가수입니다. 그런 출연자가 어렵사리 섭외에 응해서 〈정글의 법칙 개척자들〉에 나왔고, 시청자들이 생각했던 모습과는 정반대로 야생에서 억척스럽게 뛰어다니고, 자신의 집이 아닌 곳에서도 자연스레 자는 모습이 방송에 나왔을 때 시청자들은 스타의 색다른 매력, 과감함과 용기 그리고 도전에 박수를 보내고, 그런 프로그램을 즐겨 찾게 되는 것입니다.

관찰 리얼리티 예능의 실제 제작

예능 제작은 크게 기획, 촬영, 편집의 3단계로 나뉩니다. 이것은 이미 앞에서 서술한 바 있습니다. 그렇다면 이 3단계를 실제 〈정글의 법칙〉의 제작에 맞춰서 설명하고자 합니다.

먼저, 기획은 크게 프로그램 자체 기획과 시리즈 기획 그리고 회차 기획으로 나뉩니다. 프로그램 기획은 새 파일럿 프로그램을 론칭할 때 강조하는 프로그램의 기획 의도입니다. 〈골목식당〉이 죽은 골목을 살리자는 취지로 제작된 것은 이미 앞에서 말했습니다. 시리즈 기획은 〈정글의 법칙〉 매 시리즈가 기획 의도를 지닙니다. 각 시리즈마다 생존 주제가 있는데, '조난 생존', '보물찾기 생존', '폐가 생존', '상상 생존' 등의 시즌 콘셉트가 있다는 것 역시 이미 말했습니다. 회차별로는 〈오 마이 베이비〉의 경우, 매 회마다 아이들의 다른 일상과 에피소드를 보여줍니다. 〈나 혼자 산다〉도 계속 고정으로 나오는 출연자의 경우는 김장, 이사, 홈트레이닝, 주변에 선물 돌리기 등의 회차별 다른 에피소드가 펼쳐집니다.

〈정글의 법칙〉 역시 한 시리즈 내에서도 어떤 회차는 처음에 생존지를 힘겹게 찾고, 잠을 해결할 집을 만드는 것이 주요 내용이 됩니다. 어떤 회차는 첫 식량을 구해서 어렵게 나눠 먹는 먹방의 모습이 중심이 되고, 또 어떤 회차는 폭우가 쏟아지는 가운데 보물을 찾고, 낚시를 하는 등의 미션 수행이 주요 테마가 됩니다. 사건이나 아이템이 아니라, 인물별로 출연자 둘의 외적 갈

등, 출연자 혼자의 내적 갈등, 새로운 출연자가 합류하는 사건이 회차의 주제가 되기도 합니다.

이런 기획이라는 것은 촬영 전부터 PD와 작가들이 모여 함께 머리를 맞대고 생각해내는 것입니다. 기획 의도가 명확하게 자리를 잡고, 중심을 잡아야 거기에 해당되는 촬영 전의 답사 과정과 촬영 과정 그리고 최종 편집 과정에 이르기까지 모든 제작 과정들이 매끄럽게 이어질 수 있습니다. 기획이 모호하고 재미없는 경우에는 그게 프로그램 자체가 됐든 시리즈가 됐든 회차가 됐든 시청자의 관심과 흥미를 얻어내기 힘듭니다. 그래서 항상 이 업계에서 이야기하는 게 진부하지 않고 새롭고 참신한 기획으로 새 프로그램을 제작해야 한다고 합니다.

〈사진 32〉 〈정글의 법칙 펜트 아일랜드〉 편에서 서로가 상상을 소개하는 장면

〈사진 33〉 족장의 상상이었던 절벽 하우스

〈사진 34〉 설인아가 정글에 오면 해보고 싶었던 상상, 수상 요가

기획 의도가 정해지면 거기에 맞는 촬영 장소를 찾아 답사를 해야 합니다. 〈정글의 법칙〉에서 제일 중요한 단계가 이 답사 단계가 아닐까 합니다. 자연 속에서 자급자족 생존하는 것이 주된 테마이다 보니 생존지 근처 바다에 어떤 해산물이 있는지 그리고 생존지로 삼을 만한 넓은 평편한 곳이 있는지를 답사 단계에서 모두 살펴봐야 합니다. 물론 구체적으로 집 짓는 장소와 어떤

해산물을 어떻게 잡을지는 출연자들이 촬영 장소에 와서 결정하는 사안입니다. 하지만 일단 평지가 전혀 없어 집을 지을 수 없고, 수중이 전혀 시야가 나오지 않고, 구할 수 있는 해산물이 전혀 없는 곳은 최소한의 생존이 불가능한 곳이기 때문에 답사 단계에서 배제시킵니다.

〈정글의 법칙〉 해외 편 같은 경우에는 본 촬영은 실제 한 스폿에서 일주일 전반 촬영을 하고, 출연자를 바꿔서 다른 한 스폿에서 또 일주일 후반 촬영을 합니다. 그런데 해외 편 답사의 경우에는 본 촬영과 똑같이 딱 2주일만 둘러보는 게 아닙니다. 답사 때 PD, 라인 PD(현지의 코디와 소통하면서 현지 장소 섭외 등을 함께하는 PD), 작가가 함께 3~4주 이상 그곳을 돌아다니면서 그곳의 식생, 기후, 땅, 물, 열매 등 모든 것을 꼼꼼히 파악하고 심사숙고 끝에 두 스폿을 정합니다. 본 촬영 기간의 1.5~2배의 공을 더 들이는 셈입니다.

답사를 통해 어떤 식으로 촬영을 할 수 있겠다가 나오면 누구를 섭외할지 정하고, 〈정글의 법칙〉 시즌 로고를 어떻게 가야 할지를 정합니다. 〈정글의 법칙 개척자들〉 시리즈에서 개척 생존을 할 수 있는 출연자로 '트롯특전사' 박군을 섭외한 것이 대표적인 타깃 섭외입니다. 영하 10도가 되는 혹한 속에서 침낭 하나로 겨울밤 야외 비박이 가능하고, 국내 어느 겨울 비다나 들어가서 수중 사냥을 할 수 있는 연예인은 병만 족장 외에 박군밖에 없을 것입니다. 그래서 추운 겨울에 사람들이 다 떠난 섬에 가서 폐가와 그 주변에서 개척 생존을 하는 출연자로 박군을 콕 집어 섭외했고, 그것은 절묘하게 맞았습

〈사진 35〉〈정글의 법칙 개척자들〉 편에서 보여준 박군의 활약상

니다. 그 시리즈를 시작으로 박군은 〈정글의 법칙〉의 뛰어난 부족원이 됐고, 이후 시리즈에도 출연했습니다. 수중침투가 주특기였던 특전사 박군의 경험과 경력이 〈정글의 법칙〉 생존과 딱 맞아떨어졌고, 그는 여기서 어김없이 실력 발휘를 해서 〈정글의 법칙〉의 중요한 출연자가 됐습니다. 물론 대한민국에서 유일무이하게 연예인 중 생존에 정확히 특화된 '만능' 김병만 족장이 있었기에, 〈정글의 법칙〉이 2011년부터 10년 동안 전 세계 곳곳을 누비며, 대자연의 아름다움과 치열한 생존의 모습을 시청자들에게 보여줬고, 지금도 변함없는 사랑을 받는 건 말할 필요도 없겠습니다.

또한 〈정글의 법칙〉의 시즌 타이틀 로고도 기획 단계에서 정합니다. '추크' 편에서는 북태평양 미크로네시아 추크섬 주변에 상어가 많다고 해서 상어를 타이틀 로고 속에 넣었습니다. 그런데 실제로 낚시를 나가서 〈정글의 법칙〉 사상 최초로 2m짜리 상어를 잡았습니다. 타이틀 로고를 따라간다는 말이 맞는 것 같습니다. '폰페이' 편은 보물찾기 생존인 콘셉트인 관계로 알라딘 느낌의 로고를, '헌터와 셰프'는 헌터와 셰프가 나오니 중식도와 야생용 칼을. '개척자들'은 촬영 장소가 혹한 속 폐가여서 눈 덮인 폐가를 로고에 넣은 것입니다. 이렇게 기획, 답사, 섭외, 로고 정하기 단계 등의 기획 단계가 진체적으로 마무리되면, 다음은 본 촬영이 이어집니다.

〈그림 2〉〈정글의 법칙〉의 시즌별 로고들
자료 출처: SBS 홈페이지(www.sbs.co.kr)

　본 촬영은 선발대 촬영팀과 본 촬영팀으로 나뉩니다. 선발대 촬영팀은 촬영하기로 한 장소에 먼저 가서 드론 카메라, 5D 카메라(DSLR 카메라)를 갖고 촬영 장소 곳곳에 인서트 그림을 찍으면서 그리고 최종적으로 촬영지의 상태를 점검합니다. 드론 카메라는 잘 아시다시피 카메라 달린 드론을 하늘로 띄워 촬영지의 전체 풀샷(Full Shot) 등을 잡는 카메라를 말하고, 5D 카메라는 기존의 ENG 카메라, 6mm 카메라와는 다르게 소위 영상의 때깔이 좋게 나오는 DSLR 카메라를 말합니다. 추가로 설명해 드리자면, 인서트 그림이란 일출 그림, 일몰 그림, 파도 그림, 예쁜 꽃게 그림, 바람에 흔들리는 갈대 그림 등 출연자가 등장하지 않고 촬영장소를 설명해줄 수 있는 예쁜 그림을 말합니다. 인서트 촬영 그림을 본 촬영 중간 중간에 넣으면, 그 인서트 그림 하나로 현재 촬영이 이뤄지는 공간이 어디며, 어떤 상황인지를 시청자가 쉽게 알 수 있게 됩니다. 또한 계속된 출연자의 대사, 사건의 연속, 이어지는 내레이션, 자막을 따라가야 하는 압박감 속에서 이런 크고 예쁜 인서트 그림들은 시청자에게 숨 쉴 수 있는 여유를 주고, 시청자들의 피로도 풀어줍니다. 그래서 이런 인서트 영상은 선발대 촬영팀이 우선으로 많이 찍고 확보해놓아야 합니다.

또한, 선발대 촬영팀은 미리 촬영지에 와서 촬영 컨디션을 체크하는데, 답사 때와는 다르게 파도, 풍랑이 일고, 폭우의 조짐이 보이면 답사 때 여기라고 생각했던 촬영 장소도 급박하게 제로 세팅해서 바꿀 수 있습니다. 〈정글의 법칙〉 촬영지 자체가 자연 그 자체이기 때문에, 제작진이 예상하고 생각한 대로 모든 게 펼쳐질 수 없습니다. 북태평양 한가운데 외딴 섬, 산호 해변, 백사장, 잔잔한 파도, 에메랄드빛 바닷가를 꿈꿨다 하더라도 재수 없게 본 촬영 팀이 오는 그때가 바로 태풍 시기라면 모든 제작진의 예상은 한순간에 물거품이 되고, 촬영 내내 폭우와 싸워야 할 수도 있습니다. 제가 겪은 대표적인 사례가 '폰페이' 편이었습니다. 답사 때는 열흘 동안 딱 하루 비가 왔었는데, 실제 촬영 때는 4일 중에서 이틀 내내 폭우가 쏟아졌고, 비가 안 내리던 이틀도 계속 흐린 하늘 그 자체였습니다. 이 경우 촬영 스케줄이 완전히 꼬여 버리게 됩니다. 선발대 촬영팀은 이런 상황을 예측해서 비가 많이 올 게 예상될 경우, 기본 생존지 외에 어디로 가야 비를 덜 맞을지를 생각해보고 촬영 스케줄과 생존 아이템들을 상황에 맞게 바꿀 수도 있습니다.

선발대 촬영팀의 촬영 준비가 끝나면 본 촬영팀이 도착함과 동시에 본격적인 촬영이 시작됩니다. 이미 설명했지만, 관찰 리얼리티 예능은 대본이 없습니다. 촬영 스케줄과 촬영 구성 포인트만 정해져 있고 그 안에서 벌어지는 모든 일은 출연자가 상황에 맞게 하는 것입니다. 그래서 PD는 촬영 자체에 인내력과 빠른 결단력이 필요합니다. 어떤 때는 꾹 참고 진득하게 상황을 지켜보며 기다려야 하고, 어떤 때는 아무리 준비해 놓은 게 아까워도 과감하게 끊어버리고 다음 촬영으로 넘어가야 합니다. 맺고 끊는 것이 분명해야 합니다. PD의 그런 결정들은 자신이 PD로서의 감과 그동안 쌓아온 경험을 바탕으로 잘 판단해서 결정해야 합니다. 수많은 촬영을 해본 결과, 이떤 때는 촬영이 대박이 나고 어떤 때는 쪽박도 나야 촬영 노하우를 터득할 수 있습니다. 베테랑 PD라면 현장에서 이럴까 저럴까 고민하기도 전에 몸이 먼저 반응하고 느낄 것입니다. 지루하면 바로 끊어버리고, 재미있으면 계속 늘리는 제스처가 바로 나올 겁니다.

〈사진 36〉 드론 카메라로 찍은 섬의 전경 컷

〈사진 37〉 5D 카메라로 찍은 파도가 부서지는 인서트 컷

기획 때 예상했던 대로 촬영이 되지 않는다고 해서 실망할 필요도 없습니다. 세상에 망한(?) 촬영은 없습니다. 망한 편집만 있습니다. 망한 촬영인 줄 알았던 상황에서 아주 재미있는 사건이 의외로 발생할 수 있습니다. 이런 때가 올 때까지 기다리는 인내력이 필요합니다. 반대로 촬영이 일사천리로 잘 된다고 해서 마냥 다 좋은 것이 아닙니다. 촬영은 스케줄대로 쭉쭉 진행되는데, 정작 재밌는 장면과 그림이 안 나오는 경우도 허다합니다. 촬영이 더디게 잘 안 풀리다가도 너무 웃기는 장면이나 상황이 벌어질 수 있습니다. 상황을 어떻게 이용하면 좋을지 보고 행동하는 빠른 태세 전환이 필요합니다. 출연자가 물고기를 꼭 잡아보고 싶어서 대나무에 페트병을 건 낚싯대로 낚시를 하러 갔습니다. 그런데 출연자가 물고기 한 마리도 낚지 못할 수 있습니다. 이럴 때 이 안 되는 상황을 어떻게 편집으로 살릴지 고민해야 합니다. 세 명의 출연자가 현장에 있을 때, 출연자 중 물고기를 잘 잡는 사람과 못 잡는 사람을 비교할지 못 잡는 사람의 내적 고민으로 그의 정서를 면밀하게 살릴지의 노선을 잘 정해서 그걸 극대화하는 촬영으로 몰아가야 합니다.

물론 출연자를 그런 스토리대로 몰고 가자는 것이 아니라, 촬영 스태프에게 디렉션을 줘서 그런 식으로 촬영하는 것을 말합니다. 앞에 있는 섬으로 건너가기 위해 뗏목을 만들어도 그 뗏목이 그냥 물에 빠져버려 몇 시간에 걸친 그 노력과 미션이 한순간에 중단될 수도 있습니다. 촬영 콘셉트는 있되, 리얼할 상황을 그대로 카메라로 담아내고 그것들을 나중에 편집실에서 잘 짜깁기하는 게 관찰 리얼리티 촬영의 묘미입니다.

〈사진 38〉 월척 낚시를 상상했으나 허탕

〈사진 39〉 수중 요가용 대야 뗏목 제작

촬영에는 보통 ENG 카메라, 6mm 카메라 그리고 아까 언급한 DSLR 카메라 등이 주로 쓰이고, 핸디캠 등의 거치 카메라, 고프로와 빅시아와 같은 액션 카메라, 위에 얹혀놓고 무빙이 가능한 지미집 카메라(〈사진 12〉 참조), 그것보다 이동성이 좋고 휴대해서 들고 다닐 수 있는 폴캠(〈사진 41〉에서 카메라 대열 가운데쯤에 기다랗게 대가 보이는 카메라가 폴캠 카메라), 드론 카메라 등이 있습니다. 액션 카메라 중에서 특히 고프로 카메라는 현장의 역동성과 박진감을 배가하여 줍니다. 그래서 〈정글의 법칙〉 촬영에서 고프로 카메라가 큰 역할을 수행합니다. 예를 들어, 2~3명이 산이나 숲에서 바나나, 코코넛 열매 등을 찾아 헤맨다고 합시다. 그런데 각 출연자 가슴에 체스트 고프로를 매달 경우, 카메라 감독이 근접 촬영을 하지 않아도 이 고프로를 통해 앞 사람, 옆 사람의 모습을 또렷하게 카메라에 담을 수 있습니다. 또한 수중 촬영 때에도 물안경에 고프로를 부착하면, 출연자의 시선에 잡히는 모든 생물과 바닷속 풍광을 카메라에 고스란히 담을 수 있습니다. 액션캠만 잘 써도 카메라 감독이 물리적으로 잡을 수 없는 여러 그림을 잡아낼 수 있습니다. 〈사진 40~44〉를 보면 얼마나 액션캠 고프로가 유용한지를 느낄 수 있을 것입니다. 드론 카메라부터 액션 카메라에 이르기까지 이 모든 카메라가 한 촬영 장소에서 함께 돌아가기 때문에 같은 신(Scene)에도 20대가 넘는 카메라 영상들이 존재합니다. 그러니 이 그림들을 다 편집기에 올려 편집한다는 것은 얼마나 어렵고 시간상으로 오래 걸리는 일이겠습니까? 그 이야기는 뒤에 하겠습니다.

〈사진 40〉 출연자 가슴에 달린 고프로

〈사진 41〉 촬영 중인 카메라들(중앙 기다란 게 폴캠)

〈사진 42〉 산을 오를 때 출연자 가슴에 매단 체스트 고프로

〈사진 43〉 출연자 수중 시선캠

〈사진 44〉 뗏목에 부착된 고프로

기획과 답사 등의 단계가 프리 프로덕션(Pre Production)의 단계였다면, 촬영은 프로덕션(Production)의 단계이고, 편집과 방송 송출의 단계는 포스트 프로덕션(Post Production) 단계라고도 합니다. 이 중에서 편집은 촬영을 재미있게 살리기도 하고, 죽이기도 하는 양날의 검과 같은데, 좋은 편집은 재미없는 촬영 소스를 어떻게든 재미있게 만드는 편집이고, 나쁜 편집은 그 반대를 이야기합니다. 편집의 첫 단계로는 예고와 프롤로그가 있습니다. 이것들은 촬영 전부터 구상해야 합니다. 예고와 프롤로그가 프로그램의 기획 의도와 맞아떨어지는 것이 제일 만들기 쉽고, 시청자들이 그것들을 가장 쉽게 이해할 수 있습니다.

〈정글의 법칙 개척자들〉 편의 예고와 프롤로그가 대표적인 예인데, 그 시리즈는 20년 전부터 섬에서 사람들이 하나둘씩 떠나고 지금은 주민들이 남아있지 않은 고흥의 외딴 섬에서 촬영했습니다. 2020년 겨울, 가장 추운 날 촬영하느라 기온이 영하 10도까지 떨어지는 가운데, 모두가 떠난 황량한 폐가와 그 마을 사람들이 버리고 간 주방 도구, 의자, 탁자 등의 아이템을 가지고 개척하고 생존하는 콘셉트였습니다. 미국 드라마 〈워킹 데드〉는 좀비 드라마입니다. 이 드라마를 보면, 인간들은 어디론가 다 떠나고 도시에는 건물, 도로 등 인간들이 민들이놓은 인공물만 고스란히 남아 있는 도시의 풍경이 나옵니다. 이 영상을 보고 영감을 받아 '개척자들' 시리즈의 예고와 프롤로그를 그런 식으로 만들었습니다. 이런 구상은 촬영 전이나 답사 전부터 해놓아야 합니다. 미리미리 준비해야 좋은 작품이 나옵니다.

〈사진 45〉 집 지을 때 패스트를 걸어서 순식간에 완성한 모습을 보여주는 편집

　예능 편집은 실시간 촬영된 것을 시간적 순서대로 단순히 자르고 붙이는 편집이 아니라, 재밌는 것을 한층 강화하면서 줄일 건 줄이고, 늘릴 건 늘리는 방식의 편집입니다. 편집의 울퉁불퉁함이 존재하는 편집입니다. 단순 편집 기법에는 디졸브 등의 트랜지션, 화면 변화를 주는 모션 무빙, 화면 분할, 화면 재생 속도 조정(슬로와 패스트), 디지털 줌인과 줌아웃, 컷컷컷(짧게 하이라이트로 그 장면들을 모아 보여주는 편집 기법) 등이 있습니다. 족장이 집 짓는 것을 그냥 다 실시간으로 보는 것은 무리가 있기 때문에 거기에 패스트(Fast)를 걸어서 10배속, 20배속으로 돌려 단 몇 초 만에 집을 완성하는 모습을 보여주기도 하고(〈사진 45〉 참조), 하나 남은 전복을 땅에 떨어뜨릴 경우, 출연자들의 리액션, 표정을 하나씩 슬로를 주면서 컷, 컷을 붙여 상황을 증폭시키기도 합니다.

　그리고 앞에서 말한 메이킹 편집 기법은 CG나 BGM 등을 활용해 상황의 재미를 극대화하는 편집입니다. 〈정글의 법칙〉에서 가장 흔한 편집 기법이 바로 메이킹 편집입니다. BGM은 영화 〈레이더스〉, 〈인디애나 존스〉 주제곡이 흐르고 출연자 몸에 탐험가 CG를 입히고는 '탐험대 출동' 등의 자막을 넣는데, 이런 게 아주 전형적인 메이킹 편집입니다(〈사진 46〉 참조). 영화의 한 장면이나 드라마 한 장면을 짧게 삽입한다거나 오버랩을 시켜서 '마치 이것은 어떤 영화의 무슨 장면과도 같네요'라고 시청자에게 알리는 식의 메이킹 편집도 있습니다. 그 외에도 과거 장면을 보여주는 플래시백 편집도 있습니다. 사실 좋은 편집 기법에는 정해진 룰이 없습니다. PD나 편집 감독이 자신만의 독창성을 갖고, CG와 BGM, 화면변화를 주면 그게 다 훌륭한 예능 편집 기법입니다.

그리고 이런 편집 기법을 잘 활용하면 밋밋하고 재미없게 촬영해 온 그림도 다시 흥미진진하게 만들고, 그림에 생명력을 불어넣을 수 있습니다. 평범하게 촬영된 소스를 재미있는 편집으로 바꾼 경우, 소위 '병맛' 편집, '약 먹은(?)' 편집이라고 하면서 잘된 편집으로 평합니다. 그리고 이런 편집을 하는 PD나 감독을 우스갯소리로 '예능 편집의 신' 혹은 '편집 천재'라고도 합니다. 결국 예능 프로그램 편집의 기본 목적은 시청자에게 재미를 주는 것입니다. 그래서 정보전달과 가치판단을 하게끔 하는 의미 있고 거창한 편집도 물론 좋지만, 기본적으로 찍어온 그림을 갖고 최대한 재미를 증폭시키는 방향으로 가야 성공적인 편집입니다. 예능 프로그램의 목적은 다큐, 교양의 프로그램 목적과는 다르게, 시청자에게 웃음과 재미를 주는 것이 제일 중요하기 때문입니다.

〈사진 46〉 탐험대 CG에 〈레이더스〉 BGM

〈사진 47〉 한복 CG에 〈대장금〉 BGM

〈그림 3〉 전형적인 정법 교육용 CG

〈사진 48〉 김병만 족장 얼굴을 딴 오버랩 CG

편집 후에는 자막 작업, 음악 및 효과 작업 등이 필요합니다. 이것을 포스트 프로덕션이라고 하고, 이를 통해 프로그램의 완성도를 높입니다. 특히 자막이 예전에는 그다지 중요하지 않았으나, 지금은 자막이 프로그램 전체 재미의 20~30%를 차지할 정도로 중요해졌습니다. 같은 상황과 같은 그림에 자막을 써도 어느 PD가 쓰느냐에 따라 그 맛이 크게 달라집니다. 그래서 PD라면 자막에 대한 부심(자부심)이 생길 때까지 부단히 노력해야 합니다.

〈사진 49〉 흔한 예능 자막의 예

출연자 여섯 명이 노래미 단 두 마리만 구워 먹어도 행복하다는 상황을 나타내기 위해 '소확행'을 쓴다든지, 작은 절벽 하우스에 세 사람이 구깃구깃 잔다는 상황을 표현하기 위해 '인간 테트리스'를 쓴다든지, 생존비법을 잘 아는 출연자가 으쓱하자 'Flex'를 쓴다든지 하는 것이 짧고도 바람직한 예능 자막의 예가 될 수 있습니다. 이런 예능 자막을 쓰기 위해서는 결국 많은 예능 프로그램을 모니터링하면서 좋은 자막이 나오면 받아 적어놓고, 늘 활용하는 자세가 필요합니다. '재발견, 소장각, 치트키, 말잇못, 세상 스윗, 오만 상, 감동파괴, 진심' 등 신조어와 줄임말 등의 예능 자막 단어를 늘 갈고 닦아 적절히 활용해 맛깔 나는 자막을 쓰는 것은 하루아침에 이뤄지는 것이 아니고 부단한 노력을 통해 얻어집니다.

예능에서 쓰는 BGM은 클리셰가 있어서, 60~70%는 거의 정형화, 패턴화되어 있습니다. 좌절, 절망 상황에서는 주로 영화 〈냉정과 열정 사이〉의 '1997년 봄'을 깔고, 그 외에 중요한 만남을 앞둔 설레는 마음으로 두근두근할 때는 안드레아 보첼리의 〈Mai Piu Cosilontano〉를 깝니다, 노동을 심하게 할 때는 영화 〈레미제라블〉의 'Look Down'을 깔고, 예쁘게 단장한 집을 소개하는 그림이 나올 때는 영화 〈미술관 옆 동물원〉의 '시놉시스'를 깝니다. 이런 음악들이 대표적인 예능 클리셰 BGM입니다. 그래서 시청자들도 이런 음악이 나오면, '아, 그런 상황이구나!'를 마치 조건반사처럼 인지합니다. PD나 편집 감독이 편집을 하면서 BGM을 일일이 깔지 않아도 음악 감독이 상황에 맞게 좋은 음악을 깔 경우, 그 상황과 편집이 더 살아나게 됩니다. 효과음도 무시하지 못하는 포스트 프로덕션 작업입니다. 드론 카메라에서 줌인 혹은 줌아웃이 될 때 그냥 그림만 보면 살짝 평범할 수 있습니다. 거기에 효과음 '쑤웅' 같은 게 들어갈 경우, 그림의 생동감이 살아나고, 영화의 한 장면으로조차 느껴지게 됩니다. 결국 늘 많이 보고 BGM, 효과음도 많이 깔아 보는 수밖에 없습니다.

최근 예능의 화두와 가야 할 방향

'무한 플랫폼, 무한 채널, 무한 콘텐츠의 시대 속에서 무한 결핍의 시대'입니다. 요즘 어딜 가나 사람들이 하는 말이 "참으로 볼 만한 TV 프로그램이 없다"라고들 합니다. 그러고는 "옛날에 그것참 재미있었는데…"라고들 말합니다. 무한 콘텐츠 경쟁 시대에서 최전선에 서 있는 지상파 TV PD로서 무거운 책임감과 한편으로는 일말의 변명이 생각나는 뼈있는 말들입니다. 사실 관찰 리얼리티 예능 이후 거의 10년간 비슷한 포맷만 우후죽순처럼 나오고 있으니 '요즘 PD들이 너무 게으른 것은 아닌가?'라는 합리적 의심마저 듭니다. 이런 시대에 대한민국 예능의 가야 할 방향을 이야기하면, 대한민국 예능이 과거 어디서 와서 현재 어디에 있으며, 앞으로 어떤 방향으로 가야 할지 책 한 권을 써도 이야기가 끝나지 않을 것입니다. 여기서는 현시점에서의 미디어 상황의 진단과 TV 예능이 가야 할 방향 정도를 이야기해보면 어떨까 싶습니다.

유튜브와 OTT(Over The Top)의 시대가 왔습니다. 그리고 그 변화의 속도와 파급력이 무섭고 놀랍습니다. 유튜브의 경우는 PD 자체의 진입장벽을 과감히 허물었습니다. 방송사 시험을 쳐서 몇백대 일의 경쟁률을 뚫고 입사한 공채 PD들이 한 프로그램에 연출자가 되는데 거의 7년이 걸립니다. 그런데 그런 거 없이도 남녀노소 누구나 핸디캠, 폰캠으로 간단하게 영상물을 찍고, 편집해서 유튜브에 업로드하면 자기 채널, 프로그램이 생기게 되는 시대에 살게 되었습니다. 그것도 우리나라에서만이 아니라, 전 세계에 있는 모든 시청자, 구독자에게 자신의 방송을 송출할 수 있습니다. 그리고 그 저작권과 수입은 고스란히 콘텐츠를 만든 1인 크리에이터가 갖고 갑니다.

이 콘텐츠들은 기존에 방송사가 취하던 방송(Broadcasting)이 아니라, 협송(Narrowcasting)의 형태로 콘텐츠를 원하는 시청자의 취향에 맞춰 방송합니다. 게임, 등산, 영화소개, 어린이용, 유아용 콘텐츠의 종류도 무궁무진한 데다 인터넷만 접속하면 전 세계 어디서나 그 콘텐츠를 즐길 수 있게된 것입니다. 물론 그 콘텐츠들이 제작비가 많이 투입된 기존의 TV 콘텐츠보다 모든 면에서 더 뛰어난 것은 아니지만, 소비자가 정확히 원하는 것을 소비자가 직접 찾아서 볼 수 있게 되었다는 큰 장점이 있습니다. 그리고 이 시청자, 구독자가 때로는 직접 자신이 크리에이터가 돼서 자신이 만든 영상을 올리기도 합니다. 생산자와 소비자가 하나가 되는 'PROducer(생산자)+conSUMER(소비자)=PROSUMER'의 시대가 된 것입니다. 1인 크리에 이터는 동영상 한 편이 한 번 조회될 경우, 최소 1원의 수익이 있다고 하니 백만 조회 수 동영상 하나만 있어도 백만 원이고, 그런 동영상을 일 년에 100편 올리게 될 경우 산술적으로 연 1억 원의 수익을 올릴 수 있습니다. 여기서 끝나는 것이 아니라 이 콘텐츠, 채널로 인기를 얻은 유튜버는 책도 내고, 광고도 찍고, 뮤지컬도 하면서 '원소스 멀티유즈(One source, Multi-use)'의 마법까지 선보일 수 있습니다.

또한 내 집에서 정해진 시간에 기다렸다가 TV 프로그램을 시청하던 시대는 끝난 지 오랩니다. 당연히 광고주들은 TV 광고보다는 이런 유튜브나 SNS 광고에 더 예산을 배정하고, TV 광고 수입은 나날이 줄어가고 있음은 말할 필요도 없습니다. 넷플릭스(Netflix), 웨이브(Wavve) 등 OTT의 등장은 방구석 본방 사수가 더는 필요하지 않다는 것을 무한 입증해주고 있습니다. 원하는 최신 영화, 드라마, 예능 모든 것을 언제 어디서나 넷플릭스 접속으로 볼 수 있으니 굳이 집에 앉아 기다렸다가 TV를 시청할 필요가 없습니다. 영화관에 찾아갈 필요도 없습니다. 당연히 영화, 드라마, 심지어 예능 투자자들도 이런 OTT에 눈을 돌렸습니다. 넷플릭스 독점 제공 미국 드라마는 이미 나온 지 오래이고, 국내 TV 드라마도 일부는 넷플릭스 독점으로 전 세계에 제공됩니다. 심지어 예능도 넷플릭스 독점 예능이 나오고 있고, 웨이브도 이와 비슷한 행보를 보입니다.

코로나 시국을 맞이하여 유튜브와 넷플릭스 같은 OTT에 시청자들이 더 많이 접속하게 되었고, 상대적으로 TV는 뒷전으로 밀리는 위기에 처해 있습니다. 제가 개인적으로 보기에 대한민국 한 사람이 동영상을 보는 평균 시간이 하루 24시간 중 총 2시간이 될까 말까 할 거 같은데, 그중에서 유튜브와 OTT 시청에 대부분의 시간을 할애하면, 아마 집에서 TV 시청하는 시간은 하루 10~20분도 안 될 것 같습니다.

'무한 플랫폼, 무한 채널, 무한 콘텐츠 시대'에 TV 예능 PD인 우리의 경쟁력은 무엇인가 했을 때, 한마디로 '초리얼 블록버스터 예능'이 답이라고 감히 말할 수 있겠습니다. 해답은 찐(?)리얼함입니다. 〈정글의 법칙〉, 〈골목식당〉의 성공 비결에는 바로 리얼리티가 있습니다. 〈정글의 법칙〉은 출연자들에게 먹을 것을 따로 안 줍니다. 그 때문에 출연자들이 리얼하게 자급자족 생존을 하는 것입니다. 판타지 같은 낙원에서 편하게 다 먹고 마시고 자는 것이 아니라, 못 먹고 못 자는 강제 궁핍, 골목에서 장사하는 영세업자들의 휴먼스토리가 있었기 때문에, 이 프로그램들은 시청자들의 사랑을 얻었습니다. 시청자들이 원하는 것은 이러한 리얼함입니다. 이런 리얼리티가 극대화되는 예능이 계속 나와야 합니다. 그리고 〈정글의 법칙〉과 〈골목식당〉과 같이 스케일이 큰 예능 프로그램이야말로 TV만이 할 수 있는 콘텐츠입니다. 아기자기하고, 아카이브 중심적이고, 마이너한 시청자층에게도 소구력이 있는 것은 유튜브나 SNS에 맡기고, TV는 계속해서 스펙터클한 사이즈의 리얼 예능을 만들어내야 합니다. 도시나 동네를 바꾸는 예능, 회사를 바꾸는 예능, 마트, 편의점을 만들어내는 예능 등 실생활 속의 소재를 찾아 스케일이 크고 리얼리티 충만한 예능을 만들어야 합니다.

요즘 새 프로그램이 자리 잡기 힘든 세상입니다. 새로운 소재의 프로그램이 등장할 경우 리스크가 큽니다. 웬만한 예능 한 편 제작하는데 1억 원 가까운 제작비가 드니 실패할 경우 재정적 손해가 꽤 큽니다. 또한 내용이 익숙하지 않으니 시청자들에게 쉽게 다가가기 힘들고, 그러니 당연히 시청률은 고전할 게 뻔합니다. 어떻게 보면 많은 시청자가 진부함에 익숙하고, 길들여진 게 아닐까 싶기도 합니다. 그렇다 하더라도, 새로운 것을 시도해야 하는 게 PD의 숙명입니다. P(피)곤하고, D(더)러운 직업이니깐 말입니다.

지금은 메타버스(Meta+uniVerse)의 시대, 언택트의 시대입니다. 언택트 공연도 좋지만, 언택트를 활용한 예능, 메타버스를 활용한 예능이 필요합니다. 영화 〈레디 플레이어 원〉, '제페토' 애플리케이션, '마인크래프트' 게임 속에 분명 새 예능의 해답이 있을 것입니다. 단지 지금 어느 PD도 그 명확한 답을 찾지 못하고 있을 뿐입니다. 가상의 세계에 대한 관심이 커지면서, 이런 제페토나 마인크래프트 등의 증강현실 앱과 게임을 통해 많은 사람이 가상세계 공간에 관해 관심을 갖고, 거기에 돈과 투자자들이 모이고 있습니다. 예능 프로그램도 결국 이런 사람들의 흥미나 관심과 동떨어진 프로그램만을 만들 수는 없습니다. 반드시 메타버스와 연계되거나 관련된 프로그램이 등장할 것입니다.

아니면 저는 아예 역으로 시트콤과 같은 고전적 예능이 다시 유행할 듯도 싶습니다. 유튜브에서 〈순풍 산부인과〉 클립이 역주행하고 있다는 것은 이미 아실 겁니다. 이렇듯 '올디즈 벗 굿디즈(Oldies but Goodies)'의 예능 상품도 다시 유행할 수 있습니다.

이런 현실 속에서 TV 예능 PD는 어떤 제작을 해야 하는지 노선을 정하기는 참 어렵습니다. 하루가 다르게 변하고 있고, 거기에는 정해진 룰이 없기 때문입니다. 지상파 예능은 현재 프로그램의 일부 클립과 선공개, 예고 영상 등을 유튜브를 통해서 공개하기도 하고, 인기 유튜버들이 출연하는 예능, 연예인이 직접 유튜버가 되는 예능을 제작해보기도 하는 등 유튜브와 여러 형식적·내용적 콜라보레이션을 모색해왔습니다. 근데 결국은 유튜브와의 콜라보는 크게 재미를 보지 못했습니다. 그보다는 유튜브에 프로그램의 짧은 동영상(클립)을 올려서 프로그램 홍보용으로 활용한다든지 아니면 유튜브에 동영상을 올려 그것의 조회 수로 수익을 올리는 데 그치고 맙니다. 아마도 그 이유는 유튜브와 TV의 시청 패턴과 결이 다르고, 시청자들이 TV 예능에 원하는 바가 유튜브에서 원하는 것과 같지 않기 때문인 것 같습니다. 구독자들은 유튜브를 통해서는 잡다한 취미를 보고 '피식'하는 웃음 코드를 찾는다면, TV에서는 블록버스터급의 큰 예능 프로그램이 계속 나오길 바라는 것 같습니다.

지금은 격변의 시기입니다. 유튜브, OTT, 메타버스, 언택트, 포스터 코로나의 시대입니다. TV 예능이 성공하기 위해서는 새로운 것을 향한 끊임없는 도전이 필요하고, 또한 그것이 실현될 수 있는 장이 마련되어야 합니다. 유튜브 콘텐츠는 그것대로, OTT 콘텐츠는 그것대로, TV 콘텐츠는 그것대로 살아남아야 다양한 콘텐츠가 존재할 것입니다. 어차피 기존의 프리미엄이 거의 다 사라진 이 마당에, 지상파 TV는 오히려 잘할 수 있는 크고 재미있는 예능들을 계속 선보이되 유튜브, OTT 등과 협업하여 새로운 제작 방식의 예능을 만들어내야 합니다. 방송사 자체적으로 자본이 안 되면, 다른 플랫폼들과 콜라보해서 새로운 창작물을 끊임없이 만들 필요가 있습니다. 그래야 TV 방송사들이 지상파 플랫폼만 갖고 있는 것이 아니라, 예능 콘텐츠 제작사의 기능도 갖고 있고, 이를 극대화시킬 때 엄청난 매체 경쟁력을 갖는다는 것을 보여줄 겁니다.

또한, 엄청난 K팝, 한류스타들은 우리의 자산입니다. 그들이 출연한 예능을 더 많이 제작하고 그 수출에 더 큰 공을 들여야 합니다. 할리우드 스타들의 몸값은 엄청나지만, 그들이 리얼리티 예능에 출연하고 또 다른 모습을 보여주는 경우는 매우 드문 사례입니다. 그들은 오직 자신들이 출연한 드라마와 영화에만 집중할 뿐, 예능 출연은 홍보 차원의 토크쇼 정도가 전부입니다. 반면에 BTS, 강다니엘, 배우 조인성, 장혁 등의 K팝, 한류 스타들은 리얼리티 예능 출연을 통해 자신들의 또 다른 예능 끼와 매력을 보여주고, 그 프로그램의 시청률 또한 견인합니다. K-예능이 더욱 글로벌 경쟁력을 강화하기 위해서는 이런 스타들의 리얼리티 예능 출연이 더욱더 늘어나고, 그 완성품들이 잘 수출되도록 노력해야 합니다.

해외 콘텐츠 시장은 무한 가능성이 존재하는 곳입니다. 〈정글의 법칙 개척자들〉을 방송할 때, 강다니엘과 샤이니 민호가 엄청난 해외 팬들의 관심을 받았습니다. 물론 한류 배우 장혁도 출연하고, 새 인기 연예인 박군도 출연했습니다. 거기에 메이저리거 최지만도 나왔는데, 이런 콘텐츠는 단지 국내에서만 인기 있는 것이 아니라, 해외에 제대로 수출할 경우 엄청난 이익을 거둘 수 있습니다. 미국에 수출하는 것에는 한글 자막과 저작권 문제가 될 BGM은 지워버리고, 영어 자막과 저작권에 프리한 BGM으로 대체하는 등 나라별로 걸맞게 자막과 BGM 등의 후반 작업을 새로 해서 수출할 필요가 있습니다. 아직은 K-예능 수출품에 우리의 완제품에다 현지 언어의 더빙 정도만 추가하는 거로 알고 있습니다. 디테일하게 수출 국에 맞춤형으로 바꿔 수출해야 합니다. 철저하게 현지화된 콘텐츠로 K-예능을 수출할 경우, 현지 팬들의 더욱 큰 호응을 얻고 글로벌 OTT 시장에서도 더욱 큰 경쟁력을 얻을 수 있습니다.

에필로그: 이 시대가 요구하는 PD의 자세

아무리 시대가 바뀌어도, PD에게 필요한 자세는 늘 같을지도 모릅니다. 앞에서도 말한, 끼(감성)·성실성·인성의 3성, 이 세 가지가 PD의 덕목이라고 생각합니다. 여기에 덧붙여 PD가 되려면, 다음과 같이 준비해야 한다고 말하고 싶습니다. 프로그램을 잘 만들려면 많이 봐야 합니다. 끊임없는 동영상 콘텐츠를 비판적으로 보면서 꼼꼼히 메모할 필요가 있습니다. 그리고 다양한 인생 경험도 필요합니다. 여행, 취미, 아르바이트 등 건전하고 본인이 할 수 있는 직접 경험을 되도록 많이 즐기고 느껴보십시오. 또한 책을 통한 간접 경험 또한 게을리해서는 안 됩니다. 이 모든 것들이 PD가 되기 위해서 그리고 되고 나서 프로그램을 만들 때 엄청난 자산이 됩니다.

그리고 주변과 새로운 것에도 늘 관심을 가지십시오. 또 늘 메모하고, 수필도 써보고, 책을 필사도 해보고, 실제 프로그램 기획안도 만들어보십시오. 촬영과 편집에도 관심을 가지시고, 직접 1인 크리에이터가 돼 보십시오. 물론 1인 크리에이터로 크게 성공하면, 굳이 TV PD가 될 필요는 없겠습니다. 변화하는 시대, 누구라도 PD가 될 수 있지만, 누구라도 PD를 그만해야 하는 시대입니다. 이제 펼쳐질 메타버스에도 한 번 올라 타보십시오. 그러고는 잘 관찰해보십시오. 앞으로 예능 PD가 되려면 어떻게 해야 할지 그리고 된다면 어떻게 해야 할지 저보다도 여러분들이 더 확실하게 보실 겁니다.

최승홍

서울대학교 의과대학 영상의학교실 교수 ㅣ 전공 분야: 신경영상학 및 분자영상학
1994년~2001년 서울대학교 의과대학 학사 ㅣ 2001년~2006년 서울대학교병원 인턴 및 영상의학과 전공의
2003년~2007년 서울대학교 의과대학 박사(영상의학) ㅣ 2010년~현재 서울대학교병원 및 서울대학교 의과
대학 영상의학 교수 ㅣ 290여 편의 국제학술 논문 발표 ㅣ 서울대학교, 서울대학교병원, 대한영상의학회
최우수연구자상 등 다수 학술상 수상

주요 관심 분야: 신경영상, 뇌종양영상, 인공지능의 MRI 적용, 나노의학 등
E-mail: verocay1@snu.ac.kr

CHAPTER 02

인공지능 시대의 의사

CHAPTER 02

인공지능 시대의 의사

저는 서울대학교 의과대학과 서울대학교 병원의 영상의학과에서 신경영상학 및 분자영상학을 전공하였습니다. 영상의학과 의사이자 대학교수의 역할은 교육, 진료, 연구 세 가지로 나눌 수 있는데, 교육에서는 의과대학에서 공부하는 의대생, 병원에서 수련을 받는 전공의, 전임의뿐 아니라 여러 병원에서 근무하고 있는 의사들에 대한 최신 지견 교육도 포함됩니다. 병원에서는 MRI를 이용하여 신경계 질환을 진단하는 의사의 역할 및 새로운 MRI 기법을 이용하여 더욱 정확한 진단을 위해 노력하는 연구자의 역할을 하고 있습니다.

의과대학에 있는 제 실험실에서는 세포 실험뿐 아니라 동물 실험 및 임상연구를 통해 신경계 질환의 진단 및 치료를 위한 새로운 물질 개발 연구를 수행합니다. 저는 병원과 실험실 연구를 통해 기존에 잘 알려지지 않았던 새로운 신경영상학 관련 지식을 발표하기도 하고, 뇌 질환 극복을 위한 새로운 기술을 연구하는 역할에 많은 시간을 할애하고 있습니다.

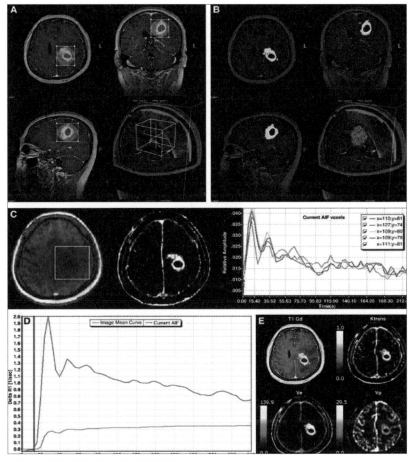

〈그림 1〉 뇌종양 진단을 위한 MRI 분석 기법 연구
출처: https://pubs.rsna.org/doi/10.1148/radiol.14132632)

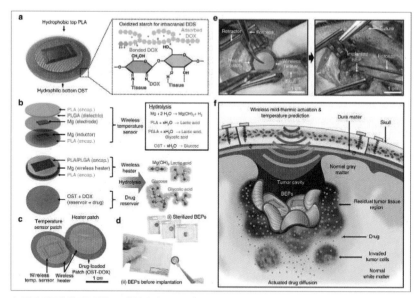

〈그림 2〉 뇌종양 치료를 위한 국소 항암제 전달 장치 개발 연구
출처: https://www.nature.com/articles/s41467-019-13198-y

최근 인공지능이 우리 일상생활뿐만 아니라 의료계에도 이용되고 있는 데, 발전하는 속도는 우리가 예상하는 것 이상입니다. 아마도 인공지능 기반 의 자율주행 자동차나 인공지능 로봇을 소개하는 기사들을 많이 봤을 것입 니다. 인공지능에 의한 기존의 삶의 틀을 깨는 많은 변화가 예상되는데, 의료 분야도 예외가 아닐 것입니다. 저의 연구 분야에 있어서도 MRI 영상분석 및 영상의 향상에 대한 인공지능 접목은 그 결과가 기대했던 것보다 뛰어나서 세계 여러 연구자의 주목을 받은 바 있습니다.

본 장에서는 의사로서 그리고 의과대학 교수로서 경험하고 있는 인공지능

의 의료 적용을 소개하고, 앞으로 의료계 쪽으로 진로를 고민하는 학생들이
이러한 변화에 대비해 어떻게 준비하는 것이 좋을지에 대한 의견을 제시하
고자 합니다.

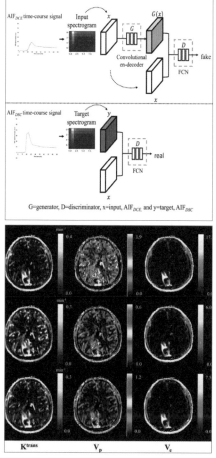

〈그림 3〉 인공지능을 이용한 뇌종양 MRI 기법 연구
출처: https://pubs.rsna.org/doi/10.1148/radiol.2020192763

의학과 의학 교육

의학은 사람과 사람의 질병을 연구하는 학문입니다. 이 의학을 주로 담당하는 사람이 의사이며, 의사가 되기 위해서는 의과대학에 입학해야 합니다. 의과대학은 의예과 2년과 의학과 4년 과정으로 이루어져 있는데, 의예과로 입학하는 학생은 의예과와 의학과를 모두 이수해야 하고, 편입학이나 의학전문대학원 과정을 통해 입학하는 경우는 4년의 의학과만 이수하면 됩니다. 의예과에서는 의과대학마다 약간의 차이가 있지만, 이때 학생들은 이공계 전공과목과 인문학 및 예체능 분야의 교양 과목을 배워 의사가 되기 위한 기본 소양을 채웁니다.

이후 의학과에서 공부하게 되는데, 소위 본과라고도 합니다. 4년의 의학과 교육과정에는 저학년에 배우는 해부학, 생리학, 병리학, 약리학 등의 기초의학 과목과 고학년에 이수하는 내과학, 외과학, 영상의학, 정신건강의학 등의 임상 과목이 포함됩니다. 이렇게 의학과를 무사히 마치면, 의사고시를 치를 수 있는 자격이 생기고, 의사고시에 합격하면 비로소 의사면허가 있는 의사가 되며, 실제 의료 행위를 할 수 있게 됩니다.

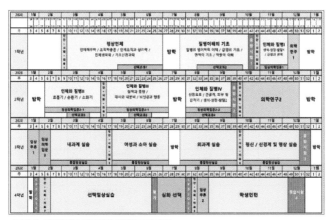

〈그림 4〉 서울대학교 의과대학 의학과 교육과정
출처: https://medicine.snu.ac.kr/

　　의사면허 취득은 새로운 시작을 의미합니다. 물론 의사면허만 있으면 의료행위를 할 수 있으나 더 역량 있는 의사가 되기 위해 서울대학교병원과 같은 수련 병원에서 전문 교육을 받게 됩니다. 기초 의학의 길을 가지 않고, 병원에서 근무할 수 있는 전문의가 되기 위해서는 수련병원에서 인턴 1년과 전공의(레지던트) 3년 또는 4년의 수련을 마쳐야 합니다. 이후에 전문의 시험에 합격하면, 이때 내과 전문의, 외과 전문의, 영상의학과 전문의 등 전문의 타이틀을 가지게 됩니다. 이후에 세부 전공 분야(저 같은 경우는 영상의학 중 신경영상이 세부 전공입니다.)의 전문가가 되기 위해서는 보통 1~2년의 전임의(펠로우)라는 심화 과정을 거치게 됩니다. 이때 비로소 대학병원 등에서 교수직을 얻거나 전문가로서 활동할 수 있는 기본 소양을 갖추게 되고, 전문가 의사가 되기 위한 모든 수련을 마쳤다고 할 수 있습니다.

2021년도 레지던트 모집 공고

1. 모집 인원

모집과	모집인원(명)	모집과	모집인원(명)
내과	21	정신건강의학과	6
외과	10	신경과	3
흉부외과	4	마취통증의학과	9
신경외과	4	영상의학과	7
정형외과	8	방사선종양학과	3
성형외과	6	진단검사의학과	4
산부인과	9	병리과	5
소아청소년과	16	재활의학과	6

〈그림 5〉 서울대학교병원 전공의(레지던트) 모집 공고
출처: http://www.snuh.org/about/news/recruit/recruView.do?recruit_id=20146

　의학 교육은 이렇게 굉장히 긴 시간이 필요한 과정입니다. 다른 학문의 뛰어난 전공자들처럼 조기 졸업을 하거나 개인적 역량이 뛰어나다고 해서 전공의 과정을 조기 이수할 수도 없습니다. 반드시 정해진 시간을 거쳐서 수련을 받아야 인정받을 수 있습니다. 이는 의학 교육의 중요한 특징입니다.

　의학이라는 학문은 몇 가지 특징이 있습니다.

　첫 번째로, 의학은 경험이 중요한 학문입니다. 인류의 탄생과 함께 의학도 시작되었고, 이후 의학은 수많은 경험을 바탕으로 과학적 사고와 함께 현대 의학으로 발전하였습니다. 이러한 특징은 현재 의학 교육에도 반영되어, 교과서와 논문에 발표된 의료 지식이 실제로 어떻게 이용되는지를 선배 의사들의 환자 진단과 치료 경험을 통해 직접 의과대학과 병원에서 배우게 됩니

다. 우리가 자전거 타기를 책으로만 배울 수 없고, 직접 타보고 자전거를 잘 타는 부모님이나 선생님께 직접 배워야 빨리 그리고 안전하게 배우는 것과 흡사합니다.

〈그림 6〉 MRI 영상 판독 교육 장면
출처: https://www.youtube.com/watch?v=X0akpeL4xZc&t=136s

두 번째로, 의학은 직접 생명을 다루는 학문입니다. 그렇기 때문에 의료 행위를 함에 있어 항상 신중해야 하고, 환자를 먼저 생각해야 합니다. 또한, 의료 행위를 위한 충분한 의료 지식 습득 이외에도 의료 윤리와 책임감이 의사들에게 크게 요구됩니다. 그래서인지 여러 영화나 드라마에서 냉혹한 실력 있는 의사와 윤리적인 의사의 갈등이 주요 소재로 다루어집니다.

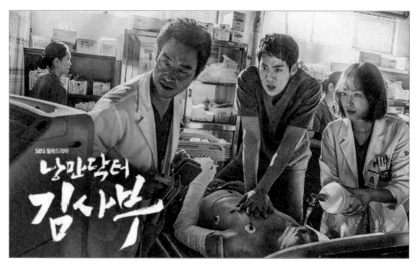

〈그림 7〉 의학 드라마 '낭만닥터 김사부'의 한 장면
출처: https://programs.sbs.co.kr/drama/doctorromantic/main

세 번째로, 의학은 발전이 빠른 학문입니다. 매일매일 새로운 치료법과 신약이 발표되고, 새로운 진단 기술이 발표가 됩니다. 그뿐 아니라 새로운 질병이 발견되기도 하고, 이전의 진단 기준이 바뀌고, 치료 방침도 지속적으로 바뀝니다. 그래서 10년이 넘는 시간을 통해 의과 대학 교육을 받고, 병원 수련 기간을 거쳤지만, 새로운 지식을 계속 공부해야 실력 있는 의사로 살아남을 수 있습니다.

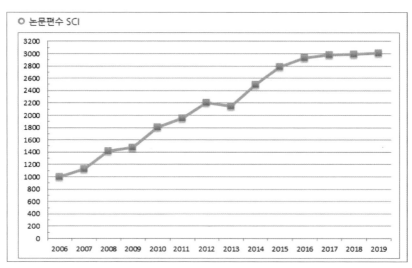

〈그림 8〉 서울대학교 의과대학 및 서울대병원 발표 논문 수
출처: http://plan.bri.snuh.org/administration/stateofresearch/summary_research/_/singlecont/view.
do

네 번째로, 의학은 모든 분야의 과학이 적용되는 학문입니다. 제가 전공한 영상의학의 경우 CT 나 MRI 같은 최첨단 영상 기기가 활용되는데, 이러한 기기들은 물리학과 공학의 결합으로 탄생한, 관련 연구자들이 노벨상을 몇 번이나 수상한 첨단 과학의 산물들입니다. 신약 개발에서는 화학 등의 자연 과학 분야도 빼놓을 수 없습니다. 최근 COVID-19 극복을 위해 개발된 백신 도 나노 과학, 미생물학 및 유전공학을 접목한 다학제 기술의 산물입니다.

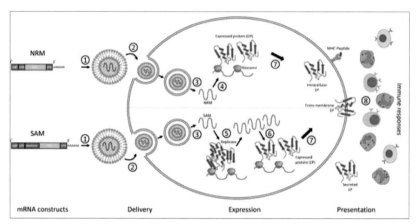

〈그림 9〉 COVID-19 백신 작용 기전. 리피드 나노 입자가 mRNA를 담고 있으며, 이는 mRNA의 붕괴를 막아주고 세포 내 전달을 도와준다.
출처: https://www.nature.com/articles/s41541-020-0159-8

　다섯 번째로, 의학은 공공성이 중요한 학문입니다. 발전된 의료 기술을 더 많은 사람들이 혜택 받을 수 있게 의료 시스템을 개선하는 것도 의학의 한 분야입니다. 의료 기술 개발에만 치중하고 이를 효율적으로 분배하는 시스템이 없다면, 의료비는 무한정 상승하게 되고, 혜택을 누리는 사람은 소수에 불과할 것 입니다. 비용과 효용을 최대한 합리적으로 조절하는 것도 의학에서 반드시 다뤄져야 할 과제입니다.

〈그림 10〉 분당서울대학교병원의 공공의료사업단
출처: https://www.snubh.org/dh/mc

인공지능의 등장과 의료의 변화

인공지능이 대중들에게 크게 인식되기 시작한 사건은 2016년 3월 9일부터 15일까지 열린 알파고 대 이세돌 혹은 딥마인드 챌린지 매치(Google Deepmind Challenge match)일 것입니다. 이 사건 전까지는 바둑은 기계 혹은 컴퓨터가 사람을 이길 수 없는 분야라는 인식이 지배적이었습니다. 하지만 충격적인 최종 결과는 알파고가 4승 1패로 이세돌에게 승리하였습니다. 당시 이세돌의 단 1승으로 많은 바둑인들은 놀라움을 감출 수 없었고, 어떤 바둑 천재는 본인이라면 이렇게 지지 않았을 것이라는 인터뷰를 발표하였습니다. 이세돌의 1승은 유일한 공식적인 알파고에 대한 인간의 승리로 남게 되었습니다. 이후 인공지능 바둑 프로그램은 더욱 발전하게 되었고, 이제 인간이 바둑에서 인공지능을 이기는 것은 불가능한 영역으로 생각되고 있습니다. 이러한 사건으로 다양한 영역에서 인공지능이 인간의 역할을 대체할 것이라고 여겨지게 되었고, 의료 분야도 예외가 아닐 것이라는 다양한 예측들이 발표되고 있습니다. 심지어 어떤 분야의 의학은 인공지능이 완전 대체할 것이라는 예상을 발표하기도 하였습니다.

의료계의 경우, 비슷한 시기에 '왓슨 포 온콜로지(Watson for Oncology)'가 출시되었는데, 이는 IBM에서 개발한 인공지능을 이용한 최적의 암 치료법을 제안해주는 진료 보조 프로그램입니다. 2016년 9월 가천대 길병원에서 이 왓슨 포 온콜로지를 도입할 당시의 자료에 따르면, 300개 이상의 의학 학술지, 200개 이상의 의학 교과서, 1,500만 페이지의 의료 정보를 학습했다고 언급되어 있습니다. 사람이 수년을 들여 학습할 데이터를 왓슨 포 온콜로지가 단시간에 학습하여 최적의 치료법을 제안한다는 원리가 담겨 있는 시스템입니다.

또한, 영상의학과 의사의 경우 각종 영상 판독이 병원에서의 주요 업무인데, 인공지능이 영상 판독을 대신할 것이라는 예측들이 미국 등에서 발표되어 한때 영상의학과가 없어질 과라는 극단적인 예상을 하는 사람들도 있었습니다. 하지만 예상과 달리 왓슨 포 온콜로지는 실제 진료 현장에서 큰 도움이 안 된다는 평을 받으며, 기존에 이를 도입한 병원들이 재계약을 망설이고 있습니다. 영상의학과의 경우 현재 수많은 인공지능 기반의 영상진단 프로그램들이 개발되어 출시되고 있으나 의료 시장에서 얼마나 살아남을 수 있을지 아직은 미지수로 남아 있습니다.

다만, 인공지능의 의료 분야 적용 가능성은 충분해 보이는데, 이를 위해서는 의료라는 특수한 분야에 대한 충분한 이해와 실제 문제점에 대한 해답을 줄 수 있어야 한다는 선행 요건이 있습니다. 막연히 모든 의료 행위를 인공지능이 대체한다는 것이 아니라, 의사가 의료 행위를 더 정확하고 안전하게 할 수 있도록 도와주는 방향으로 발전하는 경향을 볼 수 있습니다. 다음 부분에서는 현재 출시되었거나 발표되고 있는 의료 분야에서의 인공지능 적용 사례들을 살펴보고자 합니다.

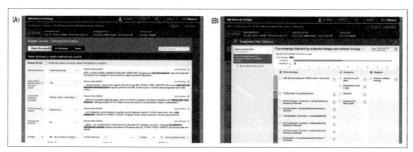

〈그림 11〉 왓슨 포 온콜로지의 유방암 제시 치료법 예시.
환자의 정보를 충분히 입력을 해야 적절한 치료법을 제시해준다
출처: https://ir.ymlib.yonsei.ac.kr/bitstream/22282913/159126/1/oak-pub-00495

의료 분야에서의 인공지능

1. 흉부 X-ray

흉부 X-ray 검사는 병원에서 가장 많이 시행되는 검사 중 하나입니다. 폐결핵, 폐렴이나 폐암 등이 의심될 경우 CT 검사에 앞서 가장 먼저 시행합니다. 그리고 인공지능이 가장 활발하게 적용되는 분야이기도 합니다. 우리나라에서는 뷰노와 루닛이라는 인공지능 개발회사에서 세계적 수준의 인공지능 프로그램을 개발하였습니다. 인공지능 프로그램을 이용한 결과, 폐의 악성 폐결절, 활동성 폐결핵 및 폐렴의 진단에서 전문의와 비슷하거나 우수한 성적을 주요 학술지에 발표하였습니다. 아직 폐의 모든 병을 찾아서 진단하지는 못하지만, 진단 가능한 폐질환의 종류를 점차 늘려가고 있습니다.

이는 인공지능의 훈련과 관련이 있는데, 인공지능의 적절한 진단을 위해서는 진단하고자 하는 질환을 가진 영상과 정상인의 영상을 충분히 데이터로 입력해줘야 인공지능 프로그램이 충분한 성능을 발휘할 수 있습니다. 이를 위해서 보통 수만 건의 영상자료로 인공지능을 훈련시키게 되고, 이 훈련을 위해서는 의사들이 정확히 판독한 자료를 제공하는 것이 무엇보다 중요합니다.

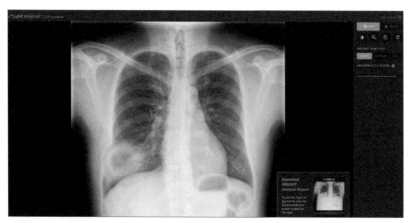

〈그림 12〉 루닛 인사이트 CXR을 이용한 COVID-19 폐렴 진단 출처: https://www.lunit.io/en/evidence/lunit-blog/using-ai-to-better-manage-covid-19

2. 유방촬영술

유방암은 2020년 기준으로 전체 암 발생의 9.7%를 차지하며, 여자 전체 암의 20.5%로 여성 암 중 1위인 암입니다. 유방암 진단을 위해서는 X-ray를 이용하는 유방촬영술과 유방초음파가 필수적인데, 최근 인공지능을 이용한 유방암 진단 보조 프로그램 개발이 활발하게 이루어지고 있습니다.

2020년에 JAMA oncology라는 대표적인 종양학 저널에 실린 결과에 의하면, 우리나라 루닛이라는 인공지능 회사에서 개발한 루닛 인사이트 MMG가 현재 상용화된 유방암 진단 보조 프로그램 중 가장 우수한 성능을 보이는 결과를 보였습니다. 이 프로그램 개발에 참여한 의사의 강의를 들을 수 있는 기회가 있었는데, 이 프로그램의 우수한 성능은 개발에 참여한 의사들의 정확한 정보 제공과 우수한 기술력의 합작품이라고 합니다.

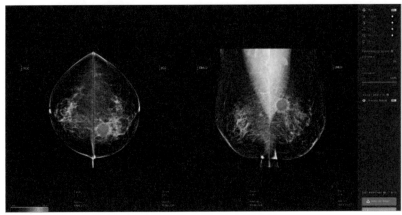

〈그림 13〉 루닛 인사이트 MMG를 이용한 유방암 진단
출처: https://lunit-kr.prezly.com/lunis-ai-giban-yubang-am-jindan-bojo-sopeuteuweeo-gong-gae

3. CT 검사

CT 검사는 X-ray를 우리 몸 단면 단면에 조사하여 우리 몸의 단면 영상을 얻는 기법입니다. 위에서 언급된 흉부 X-ray 검사나 유방촬영술은 각각 1장, 4장의 영상으로 이뤄지는 반면, CT의 경우 검사의 종류에 따라 한 명의 환자에게서 수십 장에서 수백 장의 영상을 얻습니다. 따라서 데이터양이 방대하고 인공지능의 훈련을 위한 정확한 진단 정보 생성을 위해 상대적으로 더 많은 시간과 노력이 필요합니다.

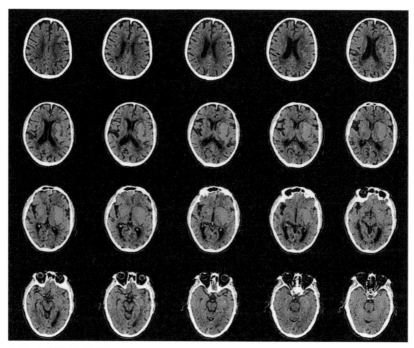

〈그림 14〉 뇌출혈 진단을 위한 인공지능 프로그램 개발을 위한 뇌출혈 부위 정보화 영상. 인공지능 프로그램 훈련을 위해서 영상의학과 전문의가 뇌출혈 부위를 꼼꼼하게 표시한 뒤, 이를 이용하여 인공지능을 훈련시키게 된다.

CT 검사에서 인공지능 적용이 가장 활발하게 연구되는 분야는 뇌출혈 진단 분야입니다. 뇌출혈은 외상, 고혈압, 뇌동맥류 파열 등 다양한 원인에 의해 발생하는데, 심한 경우 사망에 이를 수 있는 심각한 질병 중 하나입니다. 뇌출혈 진단에 있어 CT 검사가 중요한 역할을 하는데, CT 영상을 얻은 뒤에 의사의 빠르고 정확한 진단은 환자의 생명과 직결됩니다. 최근 우리나라의 경우 SK C&C의 '뇌출혈 영상 판독 인공지능(AI) 모델이 의료기기 제조 및 품질 관리 기준(GMP) 적합 인증을 획득하였습니다. 향후 응급실에서 특히 뇌출혈 환자의 진단에 도움이 될 것으로 기대합니다.

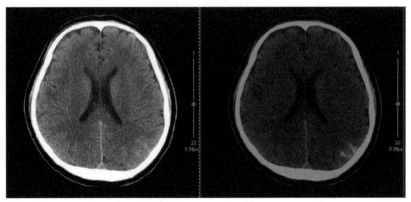

〈그림 15〉 인공지능을 이용한 뇌출혈 진단. 뇌출혈이 의심이 되어 CT를 시행한 환자의 영상이고(왼쪽), 인공지능 프로그램이 뇌출혈 부위를 표시해주었다(오른쪽).
자료 제공: 서울대학교병원 영상의학과 윤태진 교수

4. MRI 검사

현재 병원에서 사용되는 MRI 기기는 우리 몸의 수소 신호를 감지하여, 영상화하는 기술이 사용되고 있습니다. MRI는 CT보다 X-ray 노출이 없어 더 안전하고, 우리 몸의 구조를 더 정확하게 볼 수 있다는 장점이 있습니다. 특히, 신경계 질환 진단에 있어서는 가장 필수적인 검사입니다. MRI는 보고자 하는 목적에 따라 다양한 영상 프로토콜을 이용해 영상을 획득하게 되는데, 물의 신호를 강하게 얻는 T2 강조 영상 및 물의 신호를 약하게 얻는 T1 강조 영상 등이 그

예입니다. 같은 단면에서 다양한 영상 프로토콜을 이용해 영상을 획득하다 보니 불가피하게 영상 획득 시간이 길게 걸린다는 단점이 있습니다.

CT 검사는 한 환자 검사에 5~10분이면 충분한데, MRI의 경우 검사 시간이 30분 이상 소요되는 경우가 많습니다. 이러한 단점을 극복하기 위해 인공지능을 이용할 수 있습니다. 우리나라의 젊은 연구자들이 창업한 AIRS medical이라는 회사는 MRI 촬영 시간을 인공지능을 이용해 획기적으로 단축하는 SwiftMR이라는 기술을 발표하였습니다. 이 회사의 개발자들은 2019년과 2020년에 Facebook-NYU Fast MRI Challenge에서 세계 1등을 차지한 실력자들입니다. 촬영 시간은 줄이고, 영상의 질은 유지하는 기술인데 현재 여러 병원에서 그 기술을 검증 받고 있습니다. 향후 같은 시간에 더 많은 환자들의 검사를 가능하게 하여, MRI 기계의 효율을 높이는 데 활용될 것으로 기대됩니다.

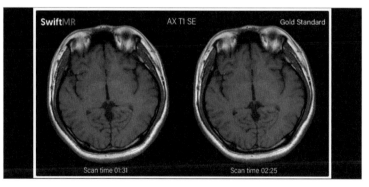

〈그림 16〉 AIRS medical의 SwiftMR 기술을 이용한 영상 획득(왼쪽). 영상의 질은 유지하고, 촬영 시간은 1분 정도 단축하였다.
출처: https://airsmed.com/ko/products/

5. 병리 검사

병리 검사는 우리 몸의 병을 최종적으로 진단하는 중요한 분야입니다. 예를 들면, 환자의 몸에 종양이 생긴 경우 이를 제거한 뒤, 이 종양을 수백 장의 슬라이드로 제작하고 병리과 의사가 다양한 조직 염색법을 사용하여 이 종양이 암인지 아닌지를 진단하게 됩니다. 환자의 치료를 결정하는 데 있어서 병리 결과가 가장 중요하다고 할 수 있습니다. 이러한 병리 검사를 위해서는 병리과 의사가 오랜 시간 동안 꼼꼼하게 조직을 분석해야 하는데, 작은 암의 경우 얻은 조직 일부에 숨어 있을 때도 종종 있기 때문입니다.

그리고 다양한 유전자 변이에 의한 조직 변화 양상도 진단에 있어 중요한 소견이 되기 때문에 모든 슬라이드를 종합적으로 봐야 하는 어려운 과정입니다. 이 과정에도 인공지능이 병리과 의사의 정확하고 빠른 진단을 도와줄 수 있습니다. 루닛이 개발한 인공지능 병리 분석 프로그램인 루닛 스코프 IO를 이용한 병리 분석 연구 결과를 삼성서울병원과 공동 연구를 통해 2020년 미국 임상종양학회(American Society of Clinical Oncology)에서 발표하였는데, 폐암의 면역 표적 치료제 반응을 예측하는 데 매우 우수한 성적을 보였습니다.

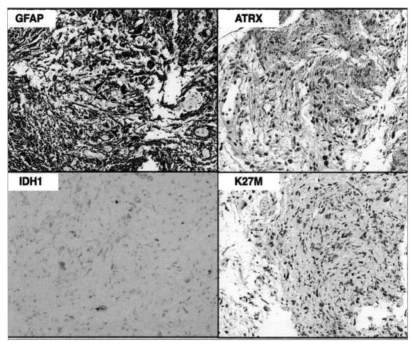

〈그림 17〉 병리 검사를 이용한 진단을 위해 다양한 염색 기법이 사용된다. 이러한 염색 결과 분석을 위한 다양한 인공지능 프로그램 개발이 활발하다.

6. 안과 검사

안저란 동공을 통해 볼 때 확인되는 안구의 안쪽 면을 말하며, 눈을 통해 시각 정보가 들어오면 안저의 일부분인 망막의 신경세포로 전달되어 물체를 인식할 수 있게 됩니다. 안저에는 망막과 시신경유두, 황반, 맥락막 등이 분포하며, 이 부분을 카메라로 관찰하는 방법을 안저 검사라고 합니다. 동공을 통해 들여다보면서 눈의 안쪽에 생긴 이상 부위를 살펴볼 수 있으며, 검사를 함으로써 여러 가지 안질환을 진단하거나 질환의 진행상태를 확인하는 데 도움이 됩니다.

눈에 이상이 있어서 안과를 방문하면, 가장 기본적으로 하는 검사인데, 이 안저 검사에도 인공지능이 활용됩니다. 뷰노에서 개발한 인공지능 기반 안저 판독 솔루션 뷰노메드 펀더스 AI™(VUNO Med®-Fundus AI™)가 그 예입니다. 이 인공지능 프로그램은 단 2초 만에 환자의 안저 영상을 분석해 실명 원인 질환 등 12가지 소견 유무와 비정상 병변을 제시하는 인공지능 기반 시스템입니다. 높은 기술 혁신성을 인정받아 지난 2020년 7월 국내 1호 혁신 의료기기로 지정된 바 있습니다.

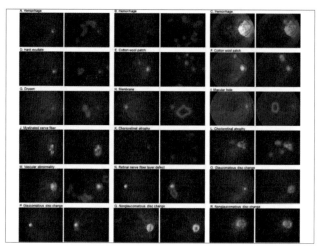

〈그림 18〉 인공지능을 이용한 안저 검사상 이상 소견 발견, 왼쪽이 원본 영상이고, 오른쪽이 인공지능이 찾은 병변인데, 높은 일치도를 보인다.
출처: https://www.sciencedirect.com/science/article/pii/S0161642019303744

7. 심장 검사

심장 검사에서 가장 기본적이고 중요한 검사는 심전도 (electrocardiogram, ECG) 검사입니다. 심전도는 피부에 부착된 전극과 신체 외부의 장비에 의해 기록되고, 심전도 기록은 심장의 전기적 활동에 대한 기록입니다. 심전도는 심장의 비정상적인 리듬을 측정하고 진단하는 가장 좋은 방법이며, 특히 전기적 신호를 전달하는 전도 조직의 손상으로 인한 비정상적인 리듬을 측정하는 데 필수입니다. 이러한 심전도를 이용한 심장 질환 진단에도 인공지능이 이용되고 있습니다. 우리나라 휴이노라는 인공지능 회사에서 시계형 혹은 패치형 심전도 측정 기기를 이용하여 연속적으로 심전도를 측정하고 무선으로 전송된 심전도 정보를 인공지능으로 분석한 뒤 의료진에게 정보를 빠르게 제공하는 시스템을 개발하였습니다. 갑작스러운 심장 이상의 위험도가 높은 환자들이 불안감을 느끼지 않도록 24시간 모니터링할 수 있는 혁신적인 기기입니다.

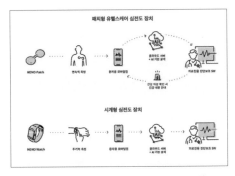

〈그림 19〉 휴이노의 심전도 진단용 인공지능 서비스 모식도
출처: https://www.huinno.com/

마치며

앞에서 소개해 드린 내용처럼, 인공지능의 의료 적용을 위한 다양한 시도들이 발표되고 있습니다. 실제 환자에게 도움을 줄 수 있는 인공지능 프로그램의 개발 및 적용을 위해서는 앞에서 언급한 의학의 특징을 충분히 이해하고 이를 반영해야 합니다.

인공지능 프로그램 개발 과정에서 의사들의 경험을 어떻게 담을 것인가를 고민해야 합니다. 인공지능 프로그램 개발의 특징은 충분한 정보를 통한 훈련인데, 이 훈련 과정에 의사의 경험을 반영해야 하는 것입니다. 이를 위해 인공지능 프로그램 개발에 참여하는 의사는 인공지능 언어를 이해하고, 인공지능의 학습을 위한 전문가로서의 의사 경험에 기반을 둔 학습 정보를 만들어야 합니다.

의료 적용 인공지능 프로그램 역시 실제 이용 시에 사람의 생명을 다루는 영역에서 사용됩니다. 이는 신뢰할 만한 인공지능 프로그램을 개발해야 한다는 의미를 담고 있습니다. 이를 위해서 개발과정에서 의사들은 정확한 정보를 인공기능 훈련을 위해 제공해야 하는 의무가 있습니다. 개발 과정뿐만 아니라, 실제 의료 현장에서 이용하기 전에 충분한 검증과정을 거쳐서 최대한 완벽한 기능을 수행할 수 있도록 의사들의 냉철한 판단이 필요합니다.

의료 정보는 계속 빠르게 축적되고 있습니다. 인공지능은 빠르게 축적되는 의료 정보를 꾸준히 반영할 수 있어야 합니다. 한번 출시된 인공지능 프로그램에 멈추는 것이 아니라, 꾸준한 정보 제공을 통해 프로그램을 업데이트하는 것도 의사들의 몫입니다. 이를 위해 실제 진료 현장에서 발생하는 인공지능 프로그램의 오류를 분석하여 성능 개선을 위한 노력을 꾸준히 해야 할 것입니다.

인공지능 프로그램 개발도 의학을 발전시키는 과학으로 자리 잡아야 합니다. 과학은 객관성이 생명입니다. 객관성을 유지하기 위한 노력이 필요합니다. 그동안 인류 역사상 개발된 수많은 기술 중에 처음에는 많은 관심을 받다가 그 허상이 밝혀지면서 사라진 경우가 많습니다. 모든 인공지능 기술이 살아남을 수는 없을 것입니다. 결국 과학적 근거에 의해 그 가치를 인정받아야 할 것입니다.

인공지능을 통해 더욱 많은 사람이 혜택을 누릴 수 있도록 노력해야 합니다. 의료 접근성이 떨어지는 지역에 인공지능 프로그램을 이용하여 의사의 업무를 일부 보조할 수 있는 영역에 대한 개발도 필요합니다. 인공지능 프로그램은 온라인 접근이 가능하기 때문에 이러한 의료 공공성 확대에도 중요한 역할을 할 수 있을 것으로 기대합니다.

의사는 단순히 개발된 인공지능 프로그램을 사용하는 사람이 아닙니다. 개발 과정에도 적극적으로 참여할 수 있도록 인공지능을 이해하려고 노력해야 하며, 인공지능 프로그램이 실제로 환자들에게 도움을 줄 수 있도록 이를 검증하고 발전시키는 역할을 해야 합니다. 앞으로 더 많은 사람이 의료 인공지능 프로그램의 혜택을 받을 수 있기를 기대하며 글을 마칩니다.

참고문헌

1. Yun TJ, Park CK, Kim TM, Lee SH, Kim JH, Sohn CH, Park SH, Kim IH, Choi SH. Glioblastoma Treated with Concurrent Radiation Therapy and Temozolomide Chemotherapy: Differentiation of True Progression from Pseudoprogression with Quantitative Dynamic Contrast-enhanced MR Imaging. Radiology. 2015 Mar;274(3):830-840.

2.Lee J, Cho HR, Cha GD, Seo H, Lee S, Park CK, Kim JW, Qiao S, Wang L, Kang D, Kang T, Ichikawa T, Kim J, Lee H, Lee W, Kim S, Lee ST, Lu N, Hyeon T, Choi SH, Kim DH. Flexible, sticky, and biodegradable wireless device for drug delivery to brain tumors. Nat Commun. 2019 Nov 15;10(1):5205.

3.Choi KS, You SH, Han Y, Ye JC, Jeong B, Choi SH. Improving the Reliability of Pharmacokinetic Parameters at Dynamic Contrast-enhanced MRI in Astrocytomas: A Deep Learning Approach. Radiology. 2020 Oct;297(1):178-188.

4.Jackson NAC, Kester KE, Casimiro D, Gurunathan S, DeRosa F. The promise of mRNA vaccines: a biotech and industrial perspective. NPJ Vaccines. 2020 Feb 4;5(1):11.

5.최윤섭. IBM 왓슨 포 온콜로지의 의학적 검증에 관한 고찰. Hanyang Med Rev 2017;37:49-60.

6.이강윤, 김준혁. 인공지능 왓슨 기술과 보건의료의 적용. Korean Medical Education Review 2016; 18(2): 51-57.

7.Salim M, Wåhlin E, Dembrower K, Azavedo E, Foukakis T, Liu Y, Smith K, Eklund M, Strand F. External Evaluation of 3 Commercial Artificial Intelligence Algorithms for Independent Assessment of Screening Mammograms. JAMA Oncol. 2020 Oct 1;6(10):1581-1588.

8.http://amc.seoul.kr/asan/healthinfo/management/managementDetail.do?managementId=414

이유진

스포츠경향 기자 | 1998년~2002년 건국대 영어영문학과 학사 | 2003년~2005년 서울문화사 편집부
현재 경향신문사 스포츠경향 엔터부 근무 | 2019 방송통신위원회 방송대상 본심 심사위원 위촉 |
2020 MAMA(엠넷 아시안 뮤직 어워즈) 전문 심사위원 위촉
주요 관심 분야: K팝, 한류, 방송, 유튜브, 라이프
E-mail: 8823@kyunghyang.com

CHAPTER 03

미래를 개척하는 연예부 기자

CHAPTER 3

미래를 개척하는 연예부 기자

기자가 되고 싶으신가요?

안녕하세요? 저는 경향신문사 소속 스포츠경향 엔터부(엔터테인먼트부) 이유진 기자입니다. 기자라는 직종이야말로 '(어떠한 이유로) 기자가 되겠다'라는 목적의식이 뚜렷한 친구들이 가질 수 있는 직업이라고 생각합니다. 기자란 만인이 원하는 '안정적이고 편안한 직장'과는 거리가 멀고, 개인의 이해관계에 좌지우지되기보다 일정 부분 신념이 필요한 직종이니까요. 현직 기자로서 뜻한 바가 있다면 그 어떤 직업보다 보람되고 즐겁게 일할 수 있는 직업이라고 자부합니다.

기자 직군은 매우 다양한 부서로 나뉘어 있어요. 하는 일이 천차만별이죠.

얼마 전 제가 같은 회사 사회부 기자와 같이 점심을 먹다가 "나는 2시에 방탄소년단 기자간담회 일정이 있어서 먼저 일어날게"라고 했더니 "뭐? 방탄? 나는 지금 경찰서 들어가야 하는데… 너 돈 내고 회사 다녀라"라며 부러움과 질투 섞인 시선을 받은 적이 있습니다. 그 사회부 기자도 경찰서로 돌아가 방탄소년단만큼 핫한(?) 취재를 했을 것입니다.

〈그림 1〉 각 분야의 전문가를 만나 취재하는 모습

기자는 이렇게 대중이 만나고 싶은 사람, 궁금해 하는 사실에 대해 직접 만나 취재할 수 있습니다. 물론 요즘은 새롭게 등장한 미디어들이 소통 창구가 되면서 누구나 정보 접근권을 갖게 된 시대이지만, 기자는 여전히 그 이면에 담긴 인물의 진정성이나 사건의 진실에 더욱더 가까이 다가갈 수 있는 것은 사실입니다.

모두 기자의 기사를 소비해주는 독자라는 든든한 백그라운드가 있기에 가능한 일이죠. 기자는 독자가 없다면 취재를 하고 기사를 쓸 수 있는 명분이 사라집니다. 개인적으로 저는 직업란을 적는 경우가 있다면 서비스업이라고 표기합니다. 늘 재미있고 유익한 뉴스를 서비스하겠다는 생각으로 가득 차 있기 때문이에요. 기자가 뉴스를 대하는 사명이나 가치관은 개인마다 다르니 '기자는 서비스업'이라고 말하면 '저널리즘이 부족하다'라고 생각하는 현직 기자들도 있을 수 있겠죠.

손가락에 꼽을 정도 소수의 언론사만 존재했던 과거의 시대는 지났습니다. 어떤 진실이든 감추려야 감출 수 없는 시대이고, 누구나 자기 목소리로 불특정 다수에게 공표할 수 있는 SNS라는 소통창구를 가진 시대입니다. 미디어 환경은 점점 다양해지고 1인 매체도 우후죽순으로 생기면서 독자는 자신의 취향에 따라 기사를 골라 읽습니다. 점점 독자의 욕구에 맞춘 기사를 서비스해야 한다는 흐름은 거스를 수 없을 듯합니다.

온라인 디지털 시대가 펼쳐진 만큼 어느 직종이나 변화가 필요한 시대이지요. 그래서 미래 대응이 중요합니다. 기자가 되는 법에 대한 간단한 설명과 기자 직종은 미래에 어떻게 변모할 것인가에 관해 현직 기자로서 여러분에게 작은 도움을 드리려고 합니다.

기자가 되고 싶으신가요? 기자 직군 내에서도 담당 부서가 다양한 만큼 기자가 되고 싶은 사람들의 이유도 각양각색일 거로 생각합니다. 정치부 기자가 되어 무소불위 정치인의 비리를 파헤친다거나 사회부 법조팀이 되어 법의 감시자 역할을 하고 싶거나 우리 사회 낮은 곳, 미처 살피지 못한 사각지대 속 부조리를 캐내고 싶은 멋진 분도 계실 겁니다. 저처럼 엔터테인먼트 기자가 되어 미처 따라가지도 못할 정도로 빠른 글로벌 확장세를 펼치고 있는 K팝이나 한류의 눈부신 위상을 좀 더 가까이 보고 또 더 많이 알리고 싶은 친구들도 있을 겁니다. 먼저 신문사에 입사를 하면 다양한 부서를 조금씩 경험하게 됩니다. 그런 후 자기 적성에 맞는 부서를 택하게 되고 전문 기자로 소양을 쌓을 수 있습니다. 그 정점에 선 기자를 '대기자'라고 부릅니다.

〈그림 2〉 기자를 하며 만났던 다양한 분야의 사람. 장신의 외국인 씨름 선수, 명창 안숙선, 첼리스트 정명화, 그리고 국내 K팝 경연 예능에 나왔던 외국인 참가자들.

제가 엔터테인먼트 부서를 택한 건 사실 거창한 이유는 없었습니다. 더 솔직히 고백하자면 단지 좋아하는 스타를 직접 만나보고 싶고 재미있게 일하고 싶다는 단순한 생각이 제일 컸던 것 같습니다. 핫한 K팝 그룹의 곡을 음원 발매 전에 조금 일찍 듣거나 드라마나 영화 속에 나오는 배우들과 직접 만나 궁금한 점을 질문하는 것이 직업적 일상입니다. 물론 끊임없이 터지는 사건·사고에 대응해 골치 아픈 취재도 많이 합니다.

〈그림 3〉 기자간담회 모습.

기자가 되려면?

기자가 되는 가장 빠르고 정공법에 가까운 것이 언론사에 입사하는 겁니다. 국내 언론사들은 매년 5월을 시작으로 공채 접수를 시작합니다. 지원자는 1차 서류전형, 2차 필기시험 그리고 실무 능력평가, 실무면접, 최종면접을 통해 채용이 확정됩니다. 경향신문의 경우 '블라인드 테스트'라고 불릴 만큼 학력, 성별, 나이, 지역에 제한이 없으며 차별 없는 공정한 공채시험 제도를 마련해놓고 있습니다. 근거가 될지 모르겠지만, 성별에 차별을 않기에 어떤 해는 입사자 10명 중 여성 신입이 9명, 남성 신입이 단 한 명 뽑힌 적도 있답니다. 또 다른 해에는 30대 후반의 신입사원이 들어오기도 했지요. 그만큼 개인의 능력과 역량 중심

〈그림 4〉 도표화한 수습기자 채용 과정

의 열린 채용을 하고 있습니다. 언론사가 입사 과정부터 공정하지 못하다면 과연 공정함에 기본 가치를 둔 기사를 어찌 쓸 수 있을까요?

　서류 전형은 외국어 공인인증 점수와 학점이 기재된 이력서, 자기소개서를 제출합니다. 외국어 점수나 학점 기준은 회사마다 천차만별입니다. 그러나 한 가지 언론사 특성상, 자기소개서가 매우 중요합니다. 게다가 최종 면접은 자기소개서를 토대로 질문하기 때문에 '왜 기자가 되고 싶은가', '어떤 기자가 되겠다'라는 나만의 색(신념)이 담긴 진정성을 전달해야 합니다.

　필기시험은 일반 상식과 논술로 치러집니다. 정치부터 사회, 경제, 국제, 문화, 스포츠까지 폭넓은 상식 문제가 출제됩니다. 참고로 실제 출제되었던

대중문화 관련 문제 중 하나를 알려드리면,

Q. 다음 중 웹툰을 원작으로 한 드라마가 아닌 것은?

① 경이로운 소문 ② 타인은 지옥이다 ③ 꼰대인턴 ④ 김비서가 왜 그럴까?

정답을 아시겠어요? 이런 식으로 다양한 문제가 출제됩니다. 논술은 논술 스터디나 논술 학원의 힘을 빌리는 것도 좋지만, 다양한 현안에 관심을 두고 나름의 분석력과 논리를 정립하는 훈련이 필요합니다. 자신이 입사하고 싶은 언론사의 철학이나 논조, 타 매체와 어떻게 다른지 비교·분석해보는 것도 의미가 있습니다.

실무능력평가는 지원자들의 합숙을 통해 여러 가지 미션을 해결하는 모습을 살펴보고 또 지원자 간 토론을 통해 논리력을 평가합니다. 토론 면접의 경우 나만의 시각이 담긴 새로운 주장을 얼마나 논리적으로 펼쳐 보이는가도 중요하고 동료들과 협업하며 얼마나 원활하게 의견을 통일하고 도출하는지를 보기도 합니다.

최종면접은 위에 언급했듯이 자기소개서를 바탕으로 질문이 이어집니다. 그 밑바탕에는 '왜 기자가 되고 싶은가'에 대한 질문이 끊임없이 이어질 것입니다. 또한, 최근 이슈와 현안에 대해 얼마나 관심도가 높은지 그에 따른 본인의 생각은 무엇인지 다양하게 알아보는 과정이기도 합니다.

이렇게 기자가 됐다면

어려운 관문을 뚫고 기자가 된 것을 축하드립니다. 이제 내 맘대로 원하는 취재를 하면 될까요? 아닙니다. 관문이 하나 더 남았습니다. 6개월의 수습 기간입니다. 누군가는 지옥에 빗대어도 될 만큼 가혹한 시기라고 언급하기도 하고, 누군가는 수습 기간에 주로 입었던 야상 점퍼를 불태워버릴 정도로 지긋지긋했다고 표현하는 이도 있습니다. 실제로 그 어려운 관문을 뚫고 합격했지만, 수습 기간을 거치면서 기자가 내 적성이 아님을 깨닫고 그만두는 신입도 많이 봤습니다.

수습 기간에는 오전 출근, 9시간 근무 같은 기본적인 근태는 무의미합니다. 각각 담당 경찰서가 배당되어 밤늦게까지 그곳에서 지내면서 그날 밤에 일어난 사건·사고를 챙깁니다. 다음날 오전 담당 캡틴(Captain)에게 보고를 합니다. 보고 역시 훈련의 과정이라서 조금이라도 어설프거나 사건의 전후 관계 파악이 덜 됐다면 호되게 혼도 납니다(물론 요즘은 분위기가 많이 유해졌다고 합니다. 실제로 기자직만큼 선후배 간 수평적 관계인 직종도 별로 없으니 너무 겁먹지 말아 주세요). 수습 중 '경찰서 마와리(기자들의 은어로, 사건을 취재하기 위해 관할 경찰서를 도는 일)'는 한 마디로 담력 키우기, 멘탈 강화 의미가 큽니다. 기자가 되어 험하고 거친 현장도 가야하고 다양한 분야의 사람들을 대면해야 하는 만큼 예방주사의 개념이라고 보면 될 듯합니다.

수습 기간 중 그다음은 기자윤리, 기사 작성법, 언론 시장 현황 등을 배우

게 됩니다. 역시 실전 훈련이지요. 각 부서를 돌면서 회사 돌아가는 시스템을 체험하는 기회를 가집니다. 편집부뿐만 아니라 광고국에서는 광고 영업이 어떻게 이뤄지는지 판매국에서는 어떻게 신문에 판매되는지도 경험해봅니다. 이후 정치부, 경제부, 산업부, 국제부, 문화부, 체육부 등 부서별 선배들과 함께 다양한 취재 현장을 경험하며 실무에 들어갈 채비를 합니다.

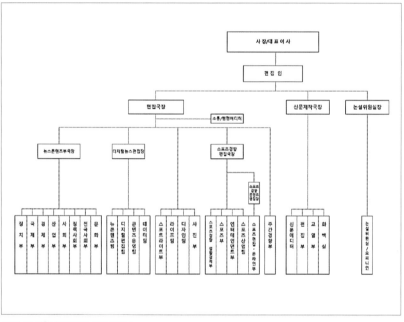

〈그림 5〉 경향신문 편집국 약식 조직도

기자 부서별로 하는 일은?

① 정치부

정치 기사를 담당하는 부서입니다. 우리 근현대사의 굵직한 사건에 큰 영향을 주었던 부서이고, 정치 기사의 중요도가 높은 만큼 여전히 '언론사의 꽃'이라고 불리는 부서입니다. 정치부는 청와대(대통령) 담당, 국회, 여당, 야당, 외교 안보 등을 담당하고 국회의원이나 의원실 보좌관들이 주 취재원입니다. 대선 정국에는 대권 후보들을 쫓아다니며 취재를 해야 합니다. 이런 사람들을 '마킹맨'이라고 해요. 특히 정치부 같은 경우에는 포럼도 많이 하고 기자회견도 많고 그래서 바쁜 일정을 소화합니다. '언론사의 꽃'이라고 할 만큼 기자들이 많이 선호하는 부서이기도 합니다. 정치부 기자는 '선수'(현직) 시절 쌓아놓은 인맥과 친분으로 정치에 입문하며 인생 2막을 여는 분들도 꽤 됩니다.

② 사회부

입사하면 대부분 가장 먼저 거치는 부서가 사회부입니다. 사회부라는 말 그대로 우리 사회에서 불거진 사건, 사고, 이슈 등 전체적인 분야를 아우르기 때문이죠. 보통 경찰서를 출입하며 이런저런 사건이 일어났다는 기사를 가장 많이 씁니다. 때로는 시위 현장을 가거나 시민단체를 만나 취재를 합니다.

전국사회부라는 부서도 있습니다. 서울만이 아닌 전국에서 일어나는 일들을 종합적으로 다루는 부서예요. 구체적인 취재와 기사 작성은 각 지역 주재 기자가 있어서 그 역할을 담당하고 있답니다. 또한, 정책사회부는 시청이나 교육부 등 각종 정책에 관련된 부처가 출입처이고 정책의 현안에 대한 이슈나 여론을 수집해서 기사를 씁니다.

③ 경제, 산업부

경제부는 정부 부처에 출입하면서 경제 관련 정책을 다룹니다. 은행이나 주식 시장을 취재하기도 하죠. 산업부는 대기업이 출시하는 신제품 소식이나 기업의 현황을 다룹니다. 때로는 대기업의 지배구조나 비리 여부를 검증하는 감시자 역할을 합니다.

④ 문화부

문화부는 문화계 전반에 소식을 전하는 부서입니다. 뮤지컬, 연극, 연주회 같은 공연과 전시, 책 관련 이야기들을 소개하죠. 문화계 인물을 인터뷰하거나 문화 관련 기획 기사를 준비하며 독자들에게 재미있는 읽을거리를 제공합니다.

⑤ 국제부

국제 정세나 해외에서 일어난 주목할 만한 사건을 다루는 부서입니다. 언론사마다 국제부 소속의 주재원 기자들이 있어요. 특파원이라고도 하지요. 미국, 영국, 일본, 중국 등 현지에 거주하면서 그곳에서 일어난 여러 가지 일들을 취재합니다. 기자에게 어느 정도 외국어 능력이 필요한 이유를 아시겠죠?

⑥ 스포츠, 엔터부

스포츠 부서는 야구, 축구, 농구, 배구 등 스포츠 경기를 취재하고 승패에 대한 분석 기사를 주로 작성하는 부서입니다. 스포츠를 좋아하는 친구라면 한 번쯤 꿈꿨을 직업이라고 생각합니다. 예상하신 대로 스포츠 경기를 현장에서 원 없이 볼 수 있답니다. 그렇지만 원정 경기를 가면 지역까지 가야하고 퇴근 시간에 상관없이 경기가 끝날 때까지 취재를 해야 하기 때문에 늘 오버타임 근무를 하는 부서랍니다.

엔터부는 연예계 전반에 관한 기사를 쓰는 부서입니다. 제가 현재 속해 있는 곳이죠. 크게 방송, 가요, 영화 담당으로 나눠 취재합니다. 기자 간담회나 인터뷰를 진행하며 취재를 합니다. 화제가 될 만한 콘텐츠의 리뷰나 분석 기사를 쓰기도 하고요. 연예계란 사회면 기사 버금가는 사건·사고가 터지기도 하고 대중들의 관심이 높은 분야인 만큼 발생한 이슈에 촉각을 곤두세워야 해요.

⑦ 사진부

'퓰리처상 사진전'이라고 들어보셨나요? 사진부는 한 장의 사진으로 사건의 진실을 담아내기 위해 노력하는 부서입니다. 사진부는 찰나를 포착하기 위해 밤을 새우기도 하고 험지에 가는 것도 마다하지 않죠. 사진 한 장으로 인해 여론이 바뀌거나 진실이 드러나는 일을 우리는 여러 번 경험해왔어요. 화려한 영상 시대라고 하지만 깊이 있는 한 장의 사진은 여전히 무시할 수 없는 힘을 갖는 것 같습니다.

오라는 곳은 없지만 갈 곳은 많은, 기자

어떤 부서를 막론하고 사건·사고가 있는 곳에는 늘 기자가 있어야 하기 때문에 때때로 '환영받지 못하는 불청객' 노릇도 해야 합니다. 사실 기자가 환

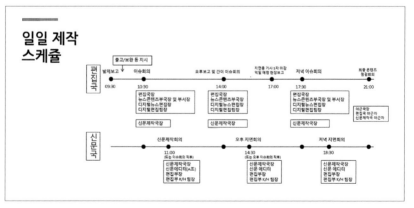

〈그림 6〉 신문 일일 제작 스케줄 예상도

영받는 곳은 별로 없지만, 그렇다고 못 갈 곳도 없습니다. 어디든 가야하고 무슨 질문이든 던져야 하는 것이 기자의 일이니까요. 참! 필요 이상으로 환대해주는 곳은 이해관계가 득실대는 곳이니 일단 경계를 하는 것이 좋습니다.

신문사 편집부의 하루는 이렇습니다

일간지 기자들은 대부분 외근직입니다. 회사 대신 출입처로 출근하죠. 정치부는 국회의사당, 사회부는 경찰서, 산업부는 대기업 기자실, 체육부는 경기장, 엔터부는 방송사 기자실 등이 일부 출입처라고 할 수 있습니다.

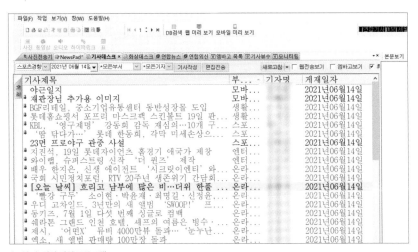

〈그림 7〉 기사 작성 프로그램

기자들은 오전에 '데스크'에 '발제'를 합니다. 발제는 오늘 어떤 기사를 얼마나 쓸 것인지 정하는 것입니다. 데스크는 신문사나 방송사 편집부 내에서 기사의 취재, 편집을 지휘하는 직책을 말합니다. 데스크는 현장 기자의 발제를 모아서 편집 회의를 합니다.

큰 사건이 터지지 않는 이상 현장 기자들은 오후 4시까지 마감을 합니다. 나머지 시작은 다음 날의 발제를 위한 취재나 자료 수집에 할애합니다. 시간을 자유롭게 쓸 수 있는 외근직이지만 그렇다고 한가한 시간은 없습니다. 정보원 혹은 취재원이 되어줄 사람을 만나거나 타지나 방송 뉴스를 보면서 어떤 현상에 주목해 발제하기도 하고, 요즘에는 SNS 속에도 기삿거리가 있을 수 있으니 인터넷 서칭도 많이 합니다. 때로는 잠자리에 누운 상태에서도 '발제'를 생각합니다. 이상은 별다른 사건이 없을 때 이야기입니다. 속보가 필요한 사건이 터졌을 때는 주말이나 공휴일에도 일하고 밤잠 못 자고 새벽 취재를 하러 가거나 자정까지 근무하는 일도 생기기 마련이지요. 그런 때는 대체 휴무가 주어지거나 수당을 받을 수 있답니다(너무나 현실적 설명인가요?).

부서 이동

언론사는 다른 직종에 비해 부서 이동이 잦습니다. 각 부서에 소속된 기자는 평균적으로 1~2년에 한 번씩 부서를 바꿉니다. 한 부서에 오래 있게 되면 전문성을 가질 수는 있지만, 취재원들과 친분이 생기면 정에 이끌려 비판해야 할 때 망설일 수 있으니까요. 또한, 여러 부서를 경험하고 관련 지식을 쌓다 보면 좀 더 넓은 시각을 가질 수 있게 되지요. 10년 정도 순환 경력을 가진 후에는 원하는 부서에 정착해 전문 기자의 길을 걷기도 합니다.

전문기자

언론사에는 다양한 전문기자가 있습니다. 의학, 과학, 교육, 라이프, 인터뷰, 영화, 도시, 환경, 사진 등등 외에도 타이틀이 주어지지는 않았지만, 해당 분야에 해박한 지식과 식견을 바탕으로 사실상 전문기자 역할을 수행하는 기자들이 많습니다.

전문기자가 되려면 특정 분야에 대한 전문 지식도 중요하지만, 그에 못지않게 보편적 가치를 바탕에 둔 균형 감각이 요구됩니다. 무뎌지지 않은 비판 의식 또한 필요한 덕목입니다. 다양한 경험을 통해 기자로서의 소양을 충분히 갖춘 다음 평소 자신이 전문기자가 되려는 분야에 대한 끊임없는 관심과 노력으로 자기 계발이 필요합니다. 실제로 자기 분야를 찾아 연구하다가 대학교 강단에서 후학을 양성하는 기자들도 꽤 많습니다. 미래 사회일수록 다

변화 다양성을 띤 사회가 될 테니 그만큼 세부적인 전문 소견을 갖춘 기자들이 필요하겠지요? 전문 기자가 된다면 회사는 물론 나아가 우리 사회에도 큰 도움이 되는 인력이 될 거예요.

〈그림 8〉 사건·사고 취재는 골치 아파요(사실 '번아웃 증후군' 기사에 잠시 사진 모델이 된 모습입니다. 모델이 없을 때는 어쩔 수 없이 이런 일도 해야 합니다).

취재 에피소드

과거 강남 상류층과 유명 연예인들이 속한 대형 계모임에서 1,000억 원대 사기 사건이 일어난 적이 있습니다. 저는 피해자들이 모인다는 식당의 정보를 입수하고 잠입 취재를 나간 적이 있습니다. 기자라고 하면 출입구에서 막기 때문에 "엄마 대신 왔다"라고 거짓말을 하고 자리를 잡았죠. 그런데 해당 계모임은 계모임 회원만 가질 수 있는 특정 수첩까지 있더라고요. 역시 스케일이 컸어요. 결국 수첩이 없는 저는 기자인 것이 들통이 나서 결국 문전박대를 당했습니다. 그래도 피해자 증언이 필요했기에 생각 끝에 주차장에 세워진 고급 차에 적힌 전화번호를 수집하기 시작했습니다. 결국 몇 사람의 증언을 얻었고, 기사를 작성할 수 있었습니다.

한 번은 불법 도박으로 잠적한 모 연예인의 견해를 듣기 위해 무작정 그의 집으로 향했습니다. 물론 칩거 중이라 벨을 눌러도 인기척이 없었고 의견을 들을 수도 없었죠. 뭔가 없을까 하고 여기저기 둘러보다 보니 문 앞에 놓인 종량제 봉투 속에 로또 용지 수백 장이 있는 게 아니겠어요? 로또를 도박으로 단정 지을 수는 없지만 수백 장 분량은 이야기가 다르지요. 해당 연예인은 여러모로 일확천금을 꿈꾸던 성향이었던 것 같습니다. 게다가 택배 상자 운송장에서 전화번호를 발견해 단독 인터뷰도 할 수 있었습니다. 무슨 사건이든 현장 방문이 첫째입니다. 그곳에는 무언가 꼭 있거든요.

기자라고 늘 문전박대를 당하는 것은 아닙니다. 기사를 통해 누군가에게 따뜻한 위로가 되어주기도 합니다. 저는 시청률 수치 기사를 쓰는 걸 별로 좋아하지 않습니다. 시청률 숫자만으로 해당 드라마를 평가할 수 없으니까요. 지난해에는 시청률에 상관없이 스토리가 좋은 웰메이드 드라마가 나왔기에 응원차 진정성을 담은 리뷰 기사를 썼습니다. 그랬더니 얼마 뒤 해당 드라마 작가가 회사로 정성이 담긴 손 편지를 직접 보내오기도 했습니다. "기사가 큰 용기가 됐다"라며 "기회가 된다면 차 한잔 함께 마시고 싶다"라는 내용이었습니다. 마음이 담긴 손 편지는 늘 감동입니다. 과거에는 취재를 하고 싶은 분에게 손 편지와 꽃다발을 보내기도 했습니다. 메시지 한 통 쉽게 보낼 수 있는 디지털 시대라 손 편지는 생각보다 그 위력은 강합니다. 그렇게 언론 최초 단독 인터뷰를 성사시키기도 했답니다.

과거 MBC 예능 '무한도전' 후속으로 '뜻밖의 Q'라는 퀴즈 예능이 방송된 적이 있습니다. 결국 저조한 시청률을 타파하지 못하고 폐지를 했지만, 저한테는 좋은 추억을 남긴 예능입니다. '뜻밖의 Q'는 인기 예능 '무한도전'의 후속이라 제작진의 부담도 컸을 거예요. 당시 보기 드문 퀴즈 예능이었고, 시청률을 잣대로 폐지를 운운하지 말고 제작진에게 좀 더 시간을 주자는 의미로 "'뜻밖의 Q' 아직 외면은 이르다"라는 기사를 썼지요. 그랬더니 그 주에 '뜻밖의 Q' 제작진이 본방을 통해 제 기사와 이름을 인용하며 감사의 마음을 표현하더라고요. 아무 생각 없이 방송을 보다가 정말 깜짝 놀랐습니다. 이렇게 내 기사가 어디선가 누군가에게 읽히고 어떤 감흥을 주고 있다고 생각하면 기사를 쓰기 전에 다시 한번 자세를 고쳐 앉곤 합니다.

〈그림 9〉 MBC 예능 '뜻밖의 Q'에 기사와 이름이 언급된 화면.

〈그림 10〉 K팝과 한류의 인기로 해외 매체에서 인터뷰를 요청하는 경우도 있습니다. 일본 NHK 다큐멘터리 출연 모습입니다.

기자에게 필요한 소양

기자에게 필요한 소양은 무엇일까요? 먼저 타인에 대한 호기심입니다. 사람에 대한, 사회에 대한 관심과 호기심이 많아야 차별화된 나만의 '발제'를 할 수 있습니다.

한 가지 현상에 대한 '비틀기' 사고도 필요합니다. 다른 사람과 똑같은 생각을 한다면 남들도 쓰는 똑같은 기사밖에 쓸 수 없습니다. 남들이 1이라고 할 때 '2가 아닐까? 혹은 3이 아닐까?'라는 의문에서 새로운 기사는 탄생합니다.

비난과 비판에 강해져야 합니다. 진실에 접근하다 보면 누군가의 이해관계와 충돌할 수 있습니다. 그런 비난에 강하게 맞설 수 있는 신념이 필요합니다. 그 신념은 정확한 팩트 취재에서 비롯된 것이니 취재를 정확히 해야겠지요. 취재 경력 15년이 넘었지만 여전히 어렵고 종종 실수하고 꾸준히 배워야 하는 덕목입니다. '기레기야!'라고 불려도 흥분하지 않고 소신을 이어가는 단단함이 필요합니다.

마지막은 글쓰기입니다. 가장 기본이 되어야 한다고 생각하는 사람들도 있겠지만, 글쓰기는 소질이 없더라도 훈련을 통해 충분히 쉽게 얻을 수 있는 소양이라 맨 마지막에 넣었습니다. 기사 작성은 어려운 글쓰기가 아닙니다. 오히려 10세 아이가 이해할 수 있도록 쉽게 써야 하는 것이 기사입니다. 기사 작성 훈련도 간단합니다. 가능하면 지면 신문을 많이 보세요. 요즘은 대부분 기사를 디지털로 보고 있지만, 디지털 기사는 과정상 아무래도 비문이나 오자 노출이 잦습니다. 기사 작성 훈련에는 사실 큰 도움이 되지 않습니다. 신문사에는 교열부가 있어서 지면에 들어가는 기사는 디지털 기사보다 꼼꼼히 문장과 단어를 체크합니다.

기자는 사라질 직업일까?

이미 인공지능 프로그램으로 기사를 쓴다고 합니다. 실제 일부 언론사는 간단한 스트레이트성 속보나 보도자료를 토대로 한 기사는 일부 AI 프로그램을 돌린다는 말도 있습니다. 그렇다면 미래에 기자는 없어질 직업일까요?

물론 간단한 기사 작성, 기사 편집과 화면 배치 같은 것들은 알고리즘에 의해 프로그램화될 수 있다고 생각합니다.

그러나 제가 경험한 기자의 일은 AI가 대체할 수 없는 부분이 있어요. 바로 정보의 깊이입니다. 예를 들어 앞에 언급했던 취재 에피소드들을 AI가 대신할 수 있을까요? 취재는 사람과 사람 간의 소통에서 비롯됩니다. 인간의 말과 말 사이, 문장의 행간 사이에도 어감이라는 것이 존재합니다. 그 사이에 담긴 속내나 감정을 캐치할 수 있는 AI 개발은 쉽지 않을 듯합니다. 발제 또한 사람과 사회의 호기심 그리고 남다른 시선, 창의력이 필요한 업무입니다.

세상을 바꾼 희대의 특종도 사소한 단서를 통해 사고의 상상력, 추리에서 시작됩니다.

기자는 사건을 파악하고 취재하고 그것을 모아 최소한 사실에 근접한 것을 전달하는 직업입니다. 그 과정에서 고도로 훈련받은 인간의 판단력은 매우 중요하죠. 그래서 인공지능 시대가 와도 기자의 일은 사라지지 않고, 본질은 크게 변하지 않을 거라는 판단에 도달할 수 있습니다. 뉴스를 전달하는 형태는 충분히 바뀔 수 있습니다.

그래서 언론사는 종이를 넘어 온라인으로 또 새로운 미디어를 타고 '어떻게 하면 독자와 손쉽게 직접적으로 찾아갈 수 있는지'에 대한 고민과 시도를 꾸준히 이어가고 있습니다.

미래 기자는 어떤 모습일까?

이미 코로나19 확산 상황은 기자의 일하는 방식에 많은 변화를 가져다주었습니다. 대형 장소에서 개최됐던 기자간담회와 제작발표회가 유튜브 등을 이용해 온라인 영상회로 전환됐고요. 인터뷰 역시 화상 인터뷰나 전화 인터뷰로 대체됐습니다. 그 외에도 미래의 기자는 어떤 모습으로 일하고 취재하고 있을지 상상해볼까요?

〈그림 11〉 종이 신문 중심의 언론사들도 점점 영상의 중요성을 강조하고 있습니다.

지면에서 영상으로

미래까지 가지 않더라도 현재 기준으로 언론사에서 가장 환영받는 인재가 있습니다. 바로 영상과 영상 편집을 다룰 줄 아는 사람입니다. 우리 회사만 하더라도 '뉴미디어 콘텐츠'라는 부서를 마련해 유튜브 영상 콘텐츠에 큰 무게를 두고 있습니다.

스포츠경향 유튜브 채널만 해도 '쓱터뷰', '쓱캠', '기자회생' '이슈시개' 등 고정 코너로 영상 콘텐츠를 제작하고 있답니다.

지금까지 '펜 기자'와 '사진 기자'의 시대였다면 앞으로 펼쳐질 미래는 보기 좋고 내용이 깊은 영상 기사를 만들어내는 '영상 기자'의 시대가 올 수도 있을 것 같습니다.

중요해진 팩트 체크

범람하는 정보의 시대인 만큼 페이크 뉴스에 대항한 팩트 체크는 기자가 꼭 해야 하는 필수적인 일이 됐습니다. 일명 '사이버 렉카 유튜버'라고 하죠? 사건 하나가 터지면 조회 수 수익을 노리고 우르르 모여들어 관련 이슈 영상을 무분별하게 제작하는 크리에이터들을 말합니다. 1인 언론을 자처하는 이들이 많아지면서 검증되지 않는 페이크 정보도 함께 난무하고 있습니다. 페이크 뉴스는 대중에게 혼란, 공포, 편견 그리고 혐오를 자아내는 사회악입니다. 페이크 뉴스에 대항해 정확한 팩트를 전달하는 기자들의 역할은 앞으로 더 커질 겁니다.

'메타버스' 속 뉴스룸

'메타버스'에 대한 이야기도 많은데요. 기자 직종도 여기에 대입해 상상해 볼까요? 메타버스의 세상에는 독자가 신문사를 자유롭게 드나들며 필요한 정보를 얻어낼 수 있는 시대가 오지 않을까요? 기자는 정확한 정보를 주기 위해 직접 뉴스를 소개하거나 독자의 궁금한 점에 응답해야 하는 시대가 될 수도 있을 겁니다. 또 메타버스를 이용해 기사에 대한 독자 의견도 자유롭게 나누고 또 기사 제보도 할 수 있겠군요.

기사에 대한 항의도 적극적으로 할 수 있겠어요. 이건 기자로서 조금 두려운 부분이네요. 실제로 일부 독자들은 자신의 가치관이나 신념이 다른 기사에 대해 기자 개인에게 항의 메일을 보내곤 합니다. 저도 그런 항의 메일을 받으면 다 읽긴 하지만 대부분 익명으로 보내오는 것들이라 특별히 피드백을 한 적은 몇 번밖에 없습니다. 메타버스 속이라면 기자를 만나 나와 생각이 다른 생각을 나누고 같은 생각에는 공감하는 토론의 장을 만들 수 있지 않을까요? 저도 기대해봅니다.

〈그림 12〉 '뉴닉' '또바기' 등 개인에게 직접 뉴스를 메일링 하는 스타트업도 늘고 있다.

더 세분되는 개인별 맞춤 뉴스

지금의 뉴스는 언론사나 대형 포털 사이트에 불특정 다수를 향해서 뿌려지고 독자가 관심사 뉴스를 골라 읽는 시대입니다. 반면 미래에는 독자에게 직접 맞춤 뉴스를 서비스하는 경향이 커질 것 같아요. 요즘도 뉴스 메일링 서비스를 하는 업체들이 있긴 하지만 성별, 세대 정도로 나누는 데 한계가 있어요. 맞춤 뉴스 서비스는 더욱 세분되고 구체화할 것으로 예상됩니다. 예를 들어 미래에는 '귓속말 뉴스'(제가 지금 즉흥적으로 지어본 제목이에요)처럼 개인 한 사람을 위한 단 하나의 뉴스가 나오는 시대가 올 수도 있겠네요. 메타버스 뉴스룸에 방문하는 사람의 취향과 관심사를 분석해 딱 맞는 뉴스를 제공하고 원하는 정보를 알려주기도 하는 서비스도 예상해볼 수 있을 것 같습니다.

또한, 오랜 시간 쌓인 언론사 데이터베이스를 이용해 원하는 과거 사진이나 자료를 개인이 얻을 수 있는 통로가 될 수 있겠군요. 상상의 나래를 펼치니 무궁무진하네요.

미래 기자, 돌고 돌아 결국 콘텐츠

미래 기자를 잠시 상상해보니 다매체 다채널 시대에는 콘텐츠 제공자로서 기자의 역할은 점점 커질 것으로 전망됩니다. 이미 어떤 매체가 양질의 콘텐츠를 더 많이 확보하느냐로 승패가 결정되는 시대가 왔습니다. 결국, 속도가 생명인 기자는 가장 트렌디한 주제를 가장 빠르게 숏폼(짧은 글)에 담아내는 행위를 한다는 점에서 매우 오래된 직업인 동시에 가장 미래적인 직종이라 할 수 있겠습니다.

〈그림 13〉 기자로서 만났던 감사한 분들과 함께 찍은 사진

기자가 되고 싶은 학생들에게

기자가 하는 일에 대해 대략 언급한 지금, 이 글을 읽은 친구들은 어떤 생각을 하고 계시는지 궁금합니다. 기자의 일상을 너무 가감 없이 담아낸 나머지 기자는 생각보다 멋도 없고 그저 힘들고 어려운 직업이라고 판단하실 것 같아 우려도 됩니다. 그런데도 '기자가 될 거야'라고 생각하는 친구가 있다면 분명 꿈을 이루실 겁니다. 기자가 되는 법에 '언론사 공채'만을 언급했지만, 그 외에도 기자가 될 방법은 많습니다. 전문 분야에 지식을 쌓다가 전문기자로 입사할 수도 있고, 다른 언론사에서 경력을 쌓다가 경력 기자로 메이저 언론사의 문을 두드릴 수도 있답니다.

미래의 기자를 꿈꾸고 있는 분들에게 한 가지만 이야기할게요. 기자가 사실만을 전달하는 데 치중한다면 그건 AI에게 맡기면 됩니다. 미래 기자는 현상을 바라보는 통찰력과 남다른 시각이 필요합니다. 인터넷이 발달할수록 의견의 다양성이 공존하기보다 빅데이터와 알고리즘에 의해 내가 알고 싶은

〈그림 14〉 기자로서 만났던 감사한 분들과 함께 찍은 사진

것, 그런 성향의 것만 보게 되고 더욱 편향된 생각으로 치우치게 되었다는 연구 결과가 있어요.

기자는 편향된 시선에 대항해 꾸준히 다른 의견을 제시해줄 수 있어야 합니다. 그러기 위해서는 기자 본인이 먼저 내 생각은 일단 접고 타인의 말에 귀 기울여야겠지요. 귀를 열고, 가슴을 펴보면 조금 더 넓은 세상을 경험할 수 있습니다.

아이박슨

2005~2007년 판타지 소설 검은 태양 포함 3질 집필 ┃ 2007~2011년 전주대학교 국어국문학과 ┃ 2012~2013년 판타지 소설 2질 집필 ┃ 2014~2015년 극작가 대본 1편 집필 ┃ 2016~2017년 프로덕션 보조 PD ┃ 2018~2019년 웹소설 '노템 최강헌터' 집필 ┃ 2020~2021년 웹소설 '무공으로 레벨업하는 마왕님' 집필
주요 관심 분야: 소설 집필, 소설 기획

E-mail: pmh5515@naver.com

CHAPTER 04

문화 콘텐츠 대표 주자
웹소설 작가

CHAPTER 04

문화 콘텐츠 대표 주자 웹소설 작가

대중교통으로 출퇴근을 하다 보면 웹소설을 읽는 모습을 흔하게 볼 수 있습니다. 웹소설은 시간과 장소에 구애받지 않고 즐길 수 있는 문화 콘텐츠입니다. 최근 웹소설 원작 웹툰이나 드라마 혹은 영화로 만들게 되면서 원천콘텐츠로서 영역이 넓어지고 있습니다.

저는 웹소설을 쓰기 전에 장르 문학 소설을 썼고, 종이책에서 웹으로 출판 매체가 이동한 뒤에도 작품활동을 이어가고 있습니다. 세계적으로 우리나라의 웹소설, 웹툰이 번역되어 보급되면서 원천콘텐츠로서 웹소설의 가치는 높아졌습니다. 네이버, 카카오는 세계시장으로 그 영향력을 넓히고 있고, 자연스럽게 우리나라 웹소설 작가들의 세계적인 위상도 높아지고, 수입도 증가하고 있습니다.

우리나라에도 웹소설 작가를 꿈꾸는 학생들이 많은 것으로 알고 있습니다. 저는 웹소설 작가로서 웹소설을 쓰는 요령과 데뷔 과정 그리고 수입 등에 대해 여러분에게 소개하려고 합니다. 이 이야기가 예비 작가들에게 조금이라도 도움이 되기를 바랍니다.

웹소설의 장르적 구분

우선 웹소설 영역에 대해 소개하려고 합니다.

웹소설이라는 용어가 정착된 것은 7년 전쯤으로, 비교적 최근입니다. 이전에는 대여점 기반의 종이책으로 나온 장르 소설이나 인터넷 소설로 불렸습니다. 인터넷으로 웹소설을 결제해서 보는 개념을 최초로 도입한 것은 조아라(joara)라는 플랫폼으로, 당시에는 편당 구매가 아니라 정기 구독 개념으로 유료 소설들을 볼 수 있는 방식이었습니다. 이후 문피아에서 편당 결제 시스템을 적용하였고, 네이버 웹소설과 카카오페이지에서 적극적으로 해당 장르를 알리게 되면서 '웹소설'이라는 이름이 자리 잡게 되었습니다.

최초로 웹소설이라는 명칭을 사용한 건 네이버 웹소설(현 시리즈)이지만, 그 명칭이 대중화되기까지는 남희성 작가님의 '달빛조각사'의 영향이 매우 컸습니다. 웹소설 플랫폼 카카오페이지에서 '달빛조각사'를 필두로 한 여러 작품을 공격적으로 마케팅했고, 점차 이용자 수가 늘어나면서 웹소설 문화가 확장되는데 많은 기여를 했습니다.

웹소설 장르는 독자를 중심으로 크게 구분해 보자면 남성향·여성향으로 구분할 수 있습니다.

〈그림 1〉 남성향으로 대표되는 작품, '나 혼자만 레벨업'

남성향 장르로는 기사와 마법이 나오거나 괴물을 사냥하는 '판타지', 의사나 검사 혹은 특수한 능력을 얻고 현실을 바꾸어가는 '현대 판타지' 그리고 고대 중국을 배경으로 무(武)와 협(俠)을 이야기하는 무협이 있습니다.

〈그림 2〉 여성향으로 대표되는 작품, '재혼황후'

여성향 장르로는 남성향과 마찬가지로 중세 배경의 가상세계에서 기사도와 마법이 나오지만, 주연 캐릭터들의 심리에 초점을 둔 로맨스 판타지 그리고 현대 사회에서 남녀의 갈등과 사랑을 다루는 로맨스가 있습니다.

성별에 따른 선호 장르 구분은 어디까지나 개인의 취향 차이임을 말씀드리며, 모든 장르를 좋아하는 독자님들도 있으니 일반론으로 생각해주시면 좋을 것 같습니다.

현재 독자들 사이에서 가장 큰 인지도가 있는 플랫폼은 카카오페이지, 시리즈, 문피아 그리고 리디북스입니다. 그중 여성향 장르는 카카오페이지와 리디북스에서 강세를 보이며, 남성향은 카카오페이지, 시리즈, 문피아에서 두루두루 힘을 발휘하고 있습니다.

좋은 웹소설 소재 고르기

웹소설은 웹툰이나 영상 편집, 인터넷 방송 등 다른 문화 콘텐츠보다 큰 강점이 하나 있습니다. 웹소설 작가로 입문할 때 특별히 필요한 장비나 구매해야 할 프로그램이 없다는 점입니다. 집필에 필요한 것은 글을 입력할 수 있는 PC뿐입니다. 높은 사양의 컴퓨터가 아니어도 되고, 태블릿 PC나 늘 우리의 손에 들려 있는 스마트폰으로도 소설을 쓸 수 있습니다. 그러나 웹소설을 써보겠다는 다짐은 워드나 한글 등 글 관련 프로그램을 켜고 스토리와 프롤로그를 구상하는 순간 무너질 수 있습니다. 백색 화면처럼 말입니다. 지도 물론 처음에는 그랬습니다.

평소 막연하게 상상할 때는 즐겁지만 글로 옮기는 과정은 생각보다 굉장히 어렵습니다. 하얀 화면에서 글자를 하나둘 쓰다가 지우기를 반복하다 보면 좋은 작품을 써보겠다는 각오는 금 새 사그라지기 쉽습니다.

프로 작가가 된 요즘에도 텅 빈 화면을 조금씩 채우는 과정이 힘들 때가 종종 있으니 말입니다. 웹소설 집필 과정을 여행으로 비유해보면, 글의 소재를 선정하는 것은 목적지를 내비게이션에 입력하는 행위에 불과합니다.

내가 어떤 글을 쓰고 싶은지, 왜 이 소재가 좋고, 누가 재미있게 읽을 것인가를 침착하게 생각하고 정리한 후 집필을 시작해 보세요. 아무것도 적혀 있지 않은 워드 화면이 마냥 두렵게 느껴지지는 않을 것입니다.

좋은 소재를 선정하는 방법은 여러 가지입니다. 초보 작가에게 추천하고 싶은 방법은 모방입니다. 절대 표절이 아니고, 모방을 통한 창작을 추천해 드리고 싶습니다. 웹소설을 읽다가 보면 나도 이런 웹소설을 쓰고 싶다는 생각이 들게 만드는 때가 있습니다. 그 작품을 분석하고, 어떤 부분이 재미있었는지 생각해 보는 일도 즐거운 작업이 됩니다. 이렇게 재미있고 혹은 감명 깊게 읽은 웹소설과 흡사한 이야기를 나만의 방식으로 써보는 것이 초보 작가가 프로 작가가 되는 가장 쉬운 길일 수도 있습니다.

또한, 소재에 있어서 자신이 경험한 사건, 자신이 평소에 관심이 있던 직업군을 가진 주인공을 설정하는 것도 필요합니다. 작가가 막힘없이 쓸 수 있는 소재를 골라야 합니다. 스토리 라인과 설정이 비슷하더라도, 특이한 직업군, 소재 등이 작품을 읽는 독자에게 신선하게 다가올 수 있습니다.

장르별 설정 구성

작품 소재를 골랐다면, 다음으로 소재에 알맞은 설정을 짜야 합니다. 웹소설에서는 장르에 따라 암묵적으로 통용되는 설정이 있습니다.

〈그림 4〉 로맨스 판타지 작품 '다정한 그대를 지키는 방법'　　〈그림 5〉 게임 판타지 장편소설 작품 '템빨'

판타지풍 세계에서 남녀 간의 로맨스와 심리 묘사에 중점을 둔 로맨스 판타지의 경우, 중세풍의 귀족 계급(오등작)이 배경시식으로 활용되기도 합니다. 판타지는 가까운 미래, 현실에 괴물이 출몰하는 헌터물, 포스트 아포칼립스 혹은 가상현실 게임(VR) 배경 등이 있습니다. 예시로 언급된 작품인 '템

빨'은 가상현실 게임에서 벌어지는 활극이 주요 내용입니다. '무협 장르'에서는 무림인이 맨발로 호수를 뛰어다니거나 허공을 날아다니며 눈에 보이지 않는 기(氣)를 다루는 게 당연한 세계관입니다.

여기서 '설정'을 짠다는 건 기존 독자들에게 익숙해져 있는 장르의 배경에 작가 특유의 상상력을 가미한 추가 설정을 하는 과정입니다. 무협 소설에서 기(氣)를 차크라나 마나라는 명사로 바꾼다고 해서 작가의 고유 설정이 되지는 않습니다. 웹소설을 집필할 때, 반드시 작가 고유의 설정을 짜야 한다는 강박에 시달릴 필요는 없습니다. 하지만 독자들에게 익숙한 배경 속에서도 자신만의 색을 넣을 수 있는 독특한 설정을 녹여내야 차별화가 가능하다고 생각합니다.

시놉시스

"작품을 쓸 때 시놉시스를 반드시 작성해야 하나요?"

웹소설 작가를 지향하는 분들과 이야기를 나눌 때 자주 듣는 질문입니다. 시놉시스(Synopsis)란 직역해 보면 개요라는 뜻이며 작가들 사이에서는 줄거리 요약이라는 의미로 사용됩니다. 시놉시스가 글을 쓸 때 필수라고 생각하지는 않습니다. 더러는 작품 설정이나 시놉시스를 작성하는 데 함몰되어

줄거리를 적다가 열정을 모두 소비해서 정작 글을 쓰는데 힘들어하는 분들도 여럿 보았습니다. 그런데도 시놉시스 작성을 추천하는 것은 창작자의 생각을 정리할 기회이기 때문입니다.

머릿속으로 상상하는 것과 그것을 지문으로 옮기는 건 많은 차이가 있습니다. 때로는 몇 문장 차이로 생각이 바뀌면서 설정도 틀어지는 경우가 발생하기도 합니다. 그렇기에 작품 집필 전에 시놉시스를 정리해두면 진도가 막혔을 때마다 방향성을 제시해주는 길라잡이가 됩니다.

필자가 카카오페이지에서 연재 중인 작품
〈무공으로 레벨업하는 마왕님〉 시놉시스

작품 정보

작품 제목: 무공으로 레벨업하는 마왕님

저자 필명: 아이박슨

장르: 퓨전 판타지

세부 장르: 현대 배경 판타지, 레벨업, 탑, 튜토리얼

독자 연령: 10대 후반~30대 초반

작품 특징

1. 인간으로 환생한 마왕이 전생의 힘을 되찾기 위해 노력하는 전개

2. 마왕의 능력과 헌터의 레벨업 그리고 무공으로 빠르게 강해지는 것에 초점을 둠.

3. 이기적이면서도 선을 넘지 않는 주인공

4. 1인칭 위주로 독자가 주인공에게 몰입할 수 있게 함.

5. 무공이라는 아이덴티티를 강조하여 여러 무공을 익히는 빌드업을 연출

6. 게이트와 여러 차원 그리고 탑 장르를 혼합하여 작품의 주 무대가 지구로 집중될 수 있게끔 장치

시놉시스

민철은 조별 과제 차 박물관에 갔다가 마왕을 쓰러뜨린 용사의 검을 본다. 신검을 보는 순간, 칼이 심장에 꽂히는 환상과 함께 전생에 자신이 마왕이라는 것을 깨닫게 된다.

마왕이라는 전생을 깨달으면서 인생의 목표를 재설정, 전생에서 그랬듯 이번 생에서도 우주 최강이 되겠다는 목표를 세운다. 인간의 몸으로는 강해지는 데 한계가 있지만, 전생의 지식을 활용하면 강해질 수 있다고 확신하는 민철. 무 대륙(무림 세계)에서 익힌 무공을 익히면서 헌터 등급을 빠르게 올린다.

게이트에서 괴물들을 사냥하면서 빠르게 강해진 후, 민철은 탑에 도전한다. 시련의 탑은 층마다 도전자에게 시련을 부여하고 극복했을 때 엄청난 보상을 준다.

유례없는 속도로 탑의 시련을 돌파하면서 보상을 챙기는 민철. 탑에 자리 잡은 기존의 랭커들이 하나둘 민철을 주목하기 시작한다.

한편 지구를 두고 대립하는 천계와 마계. 두 세력은 각자 뒷공작으로 지구에 자리

잡아 종국에는 정복하는 것을 목표로 움직인다. 민철은 그 흐름을 읽고 천계와 마계 모두의 음모를 무너트리며 지구의 안전을 도모한다.

여러 사건 끝에 탑의 정상을 정복, 탑의 최종 보상을 받게 되며 천계와 마계 모두와 싸울 수 있는 힘을 얻은 민철. 그의 전생인 마왕의 죽음과 관련된 음모를 파헤치고 우주 전역에서 최강자가 된다.

시놉시스는 '이렇게 써야 한다'라는 양식이 따로 없습니다. 인터넷에 시놉시스를 검색하면 여러 스타일이 나오고, 저 또한 다른 작가님의 양식을 참조하여 개괄 및 줄거리를 짰기에, 자신에게 맞는 것을 찾아서 적용해보거나 본인만의 양식으로 소재와 설정 및 개요를 정리하는 것을 추천합니다.

저는 시놉시스의 양식보다는 작성 항목 중에 꼭 들어가야 할 내용에 대해 말씀 드리고 싶습니다. 웹소설을 구성하는 요소는 여러 가지가 있습니다. 장르에 따라 혹은 배

〈그림 6〉 몽테크리스토 백작 포스터

경에 따라 판타지스러운 요소가 들어갈 수도 있으며 지극히 현실적인 이야기를 이끌어가는 경우도 꽤 있습니다. 하지만 그 어떤 장르나 소재 그리고 설정이든 간에 시놉시스에서 반드시 들어가야 할 것이 있습니다. 그건 바로 주인공이 행동하는 '동기'입니다.

누명으로 감옥에 간 에드몽 단테스가 복수를 위해 탈옥하고 원수들을 처단한다는 고전 명작, '몽테크리스토 백작'. 에드몽은 영문도 모른 채 감옥에 투옥되면서 복수를 다짐하고, 감옥에서 멘토인 파리아 신부를 만나 여러 학문과 상위 계급의 소양 같은 지식을 배웁니다. 그가 필사적으로 노력하고 탈옥까지 하게 되는 건 모두 '복수'라는 동기부여가 있기 때문입니다. 작중 주인공이 감옥을 탈출하고 보물을 얻으며, 복수 대상을 하나하나 쓰러트리는 과정을 보고 있으면 독자들도 에드몽의 복수를 응원하게 됩니다. 복수라는 행위가 반드시 선하지 않고 잔인하지만, 독자들은 그 모습을 보면서 눈썹을 찌푸리기보다 주인공의 행동에 공감합니다. 주인공이 움직이는 명확한 동기가 필요한 이유입니다.

사랑, 복수, 자존심, 욕망. 그 외에도 주인공의 행동에는 어떤 목적이나 이유가 되었든지 동기부여가 필요합니다.

시놉시스가 반드시 구체적이어야 할 필요는 없습니다. 작가가 글을 쓰는 데 방향을 제시해주는 정도가 충분한 역할입니다. 타인에게 보여주는 게 목적이 아니기에 형식에 구애 받지 않고 써도 되지만, 중요한 건 작가의 눈에 얼마나 직관적으로 들어오느냐 입니다.

필자의 '무공으로 레벨업하는 마왕님' 1권 콘티

1화. 프롤로그

학교 수업 진행. 게이트의 출현과 마왕 강림 그리고 마왕의 패퇴와 함께 다차원세계의 막이 올라감. 선생님이 주인공한테 마왕의 이름을 질문함. 대답을 못하고 우물쭈물하는 선생님. 00 졸고 있는데요? 냅둬. 마왕이라도 된 꿈을 꿨나 보지. 하하하 다 웃는데 주인공 혼자 못 웃음. 시바. 정말 그 마왕이 나단 말이다.

투마족의 투장, 데이모스. 과거에 나를 부르던 말이었다.

2화

전생을 각성하고 마나를 느끼니 헌터로도 각성. 마력 수치가 낮은 거 해결 방법이 있지. 밤이 되고 무수한 별들이 떠올랐을 때 마법진을 발동함. 익히는 기술은 성천조계공. 과거 투장에게만 내려지는 비술이고 암흑성운의 힘을 몸에 축적시켜서 활용하는 것. 근데 사용하니 암흑성운의 힘만 들어오는 게 아니다. 빛의 성운 힘도 같이 들어옴. 정반대의 힘이 섞이면서 단전에 모임. 어라 이건, 주인공 흥분. 스탯 창도 한번 보여주기. *성천조계공 – 주인공 독문 무공

3화

서울로 상경해서 헌터 등록함.

모든 수치가 e로 나옴. 직원은 실망하지 말라는 투로 이야기하지만 주인공은 대충 e가 말하는 스탯이 어느 정도인지 알아서 좋은 정보 알았다고 생각함. 정식 헌터 활동은 라이선스 등록 후 가능. 라이선스 취득 시험은 매달 있는데 이번에는 다음 주. 지원금에 대출도 받고 무공 수련을 개시한다.

4화

성천조계공은 한번 길을 닦아놓으면 어디서든 수련이 가능. 투장에게 내려오는 비장의 마법진을 다시 사용. 마법진 촉매가 좋아서 효율이 더 올라감. 마력을 받아들인 몸이 삐그덕 거리지만 이 악물고 버틴다. 별의 기운이 전신을 휘감으면서 신체가 강해진다. 스탯 창으로 능력치, 숙련도 증가 표시. 혼돈기를 사용해서 무공을 펼쳐봄. 위력이 엄청나서 주인공도 놀람.

5화

무 대륙(무림 세계)에서 배운 무공을 하나씩 익히기 시작한다. 전생인 마왕 시절에도 무림인들의 무공을 익혀 마계를 제패했다. 기억대로 무공을 익히고 펼쳐보니 약한 육신으로 펼치는데도 웅혼한 기운이 대기를 흔든다. 왜 그런가 생각해보니 성천조계공 덕분이다. 이야, 전생보다 더 강해질 수도 있겠는걸?

6화

2챕터 다크 스타(가제)

성간연합에 방문. 백화점처럼 되어 있는 곳에 앞에는 골렘들이 경비를 서는 중. 헌터 라이선스가 있어야 진입 가능. 임시 자격증을 주고 들어가서 최상위층으로 감. 성간연합 창고.

무수한 아공간으로 연결되어 있어서 차원의 괴리와 상관없이 바로 맡긴 물건을 받을 수 있음. 차원상인이 미묘한 눈빛으로 봄. 아랑곳하지 않고 차원코드 입력. 오 코드가 살아있다. 보관 중인 건 무기 하나. 마왕 생전에 사용했던 병기를 찾음. 차원상인이 보안코드 등급을 보고 놀람.

7화

다크 스타 설명

다크 스타 – 여러 무기로 변형 가능. 원래 최고 등급 아티팩트지만 주인공 수준이 낮아 등급이 하락해 있다. 차원상인이 주인공의 정체에 관심을 가짐. 성간연합이 운영하는 길드 가입을 권유하지만 거절. 차원상점에 온 김에 헌터 지원금과 있는 돈을 모두 털어서 아이템을 몇 개 삼.

8화

서울 한가운데 있는 돔에서 헌터 라이선스 시험. 엘프 대사의 딸이자 하프엘프인 신혜미 그리고 마력 반응이 좋은 유승우가 사람들의 스포트라이트를 받음. 주인공은 조용히 입장. 시험 종목은 서바이벌. 시험은 돔 안에 있는 인공 게이트에서 치러짐. 피해를 입으면 부서지는 방어막 갑옷을 입음. 마나 스톤으로 구현된 환상 몬스터들이 돌아다니고, 그 몬스터를 처치하거나 헌터를 쓰러트리면 점수를 획득. 주인공은 몬스터나 헌터를 가리지 않고 유유히 처치하면서 나아간다. 관찰하던 여러 길드들에서는 주인공의 활약상을 보고 놀람.

9화

주변을 휩쓸던 중 유승우를 만남. 유승우는 주인공이 주변을 쓸어버린 것을 눈치채고 포인트를 벌기 위해 공격함. 검을 능숙하게 다루면서 주인공을 공격하지만 도리어 압박을 당함. 두 사람이 싸우는데 신혜미가 나타남. 둘 중 누구의 편도 들지 않고 관전한다고 하는데 주인공이 귀찮다고 둘 다 덤비라고 함. 신혜미는 어이없다는 반응, 유승우는 대분노. 마침 보스 몬스터인 거대 골렘이 등장. 골렘을 상대로 검술이나 창술을 사용. 그런데 잘 안 통함. 주인공은 다크 스타를 변형시킴.

10화

다크 스타를 둔기 형태로 만들어서 휘두름.
도끼로 펼치는 무공으로 골렘에게 타격을 축적시키고 쪼개진 곳에 창술을 사용해서 파괴. 전투 골렘을 파괴하면서 시험이 종료된다. 시험이 끝나고 모든 이목이 주인공에게 집중됨. 유망주였던 유승우는 분해하면서 사람들 사이를 거칠게 헤치며 사라짐. 신혜미는 주인공을 흥미로운 눈빛으로 바라본다. 여러 길드에서 주인공을 섭외하려고 앞다투어 나섬. 몸값으로 50억을 외쳐서 길드들 반응이 싸늘하게 식었는데 성간연합 간부가 나서서 그 돈을 내겠다고 함.

11화

성간연합 간부와 독대. 주인공은 저 상황에서 구해준 건 고마운데 길드 같은 데 들어갈 생각이 없다고 함. 50억을 불렀지만 실제로는 마음이 없다. 간부는 주인공한테 모든 편의를 제공해주고 자유 용병으로 있는 건 어떠냐고 권유함. 써먹기보다는 끈을 연결하는 것에 초점을 둠. 가능성을 보고 하는 투자. 그 거래에 응함.

12화

여러 길드에서 주인공의 행보에 집중한다.

10대 유력 길드에서 섭외하려고 노력하고, 성간연합이 운영하는 길드에 대해서도 정보 읊어주기. 성간연합의 늙은이, 그자의 수완은 무시 못 하는데, 자그마치 계약금 50억을 쉽게 받아들인 이유가 있을 것이다. 주인공에 대한 조사도 빠르게 들어감. 주인공은 처음으로 게이트에 입장함. 성간연합에서 섭외해둔 던전. 서포트 인원 몇 명이 차량을 몰고 뒤따라옴. 인간형 몬스터 오크. 특징을 동행 헌터가 설명해주는데 대충 안 듣고 가볍게 썰어버림. 참 쉽죠?

13화

내부로 들어가서 보스 몬스터와 조우.

전투를 벌여서 어렵지 않게 쓰러트리고 보상을 얻은 뒤에 나온다.

전투를 지켜보는 지원팀은 주인공을 엄청 대단하게 생각함.

14화

파죽지세로 하루 한 개꼴로 던전을 닫음. 모두 D급 던전. 같이 따라오는 팀이 그 속도에 지치고 미쳤다고 혀를 내두른다. 주인공은 사냥에 약간 불만족. 더 강한 적을 썰고 빨리 강해지고 싶다는 생각을 한다. 오늘도 던전 하나를 폐쇄하고 퇴근하는 길인데 불길한 느낌이 든다. 급속 던전이 출현하고 몬스터들이 시내에 출몰한다. 사람들이 피해를 보고 막 도망치는데, 주인공은 태연하게 몬스터 하나를 썬다.

근데 혼돈기가 흡수되고 능력치가 늘어난다. 엄청 좋군?

15화

몬스터를 하나라도 더 썰려고 분전한다.

다른 헌터들이 몬스터를 하나둘 어렵게 상대한다. 뺏기기 싫어서 새로운 스킬 개발. 채찍 형태로 무기를 변형해서 멀리 있는 몬스터를 휘감고 끌고 오거나 그대로 죽인다. 감사하다고 하는 헌터들. 물러나. 저건 내 먹이다. 헌터들은 그저 감사 빛. 상처가 하나하나 늘어도 고통보다 강해질 수 있다는 희열에 몬스터들을 모두 처치한다.

시놉시스 외에도 작품을 구체화하는 건 '캐릭터 구성'이나 매 편 '콘티 작성' 등 여러 방법이 있습니다. 하지만 처음 글을 쓰시는 분들이라면 너무 구체적으로 틀을 잡고 시작하기보다 주인공의 동기만 확실하게 부여해준 후에 곧바로 1편을 써보는 것을 추천합니다.

데뷔 과정

웹소설 작가로 데뷔하는 길은 크게 두 가지로, '소설 연재'와 '원고 투고'가 있습니다. 첫째 소설 연재는 웹소설 플랫폼 '문피아'나 '조아라' 등 무료연재처가 제공되는 곳에서 본인이 쓴 글을 대중에게 선보이는 것입니다.

〈그림 7〉 무료 연재 플랫폼의 대표 주자, 문피아와 조아라

앞에 언급한 플랫폼에서 작성한 글을 꾸준히 연재하여 인기를 얻으면 출판사에서 작가에게 컨택(출간 제의)을 합니다. 무료연재에서 좋은 성적을 거두면 적당한 분량이 찼을 때 유료로 전환하게 되는데, 그때부터가 웹소설 작가로서 매출이 발생하는 때라고 보면 됩니다.

두 번째로 투고가 있는데, 이 경우에는 훨씬 간단합니다.

웹소설을 유통하는 여러 출판사의 투고 메일에 원고를 전달, 편집자 회의를 거쳐서 출판 여부를 결정하게 됩니다. 이 경우에는 무료를 겸하는 플랫폼인 문피아나 조아라에서 연재하는 대신, 무조건 출판사를 끼고 가야 서비스를 할 수 있는 카카오페이지나 시리즈 등에서 작품을 연재하게 됩니다.

개인적으로는 두 가지 방법 중, 투고보다 연재로 성적을 증명하여 작가의 길을 걷는 방법을 추천합니다. 무료 연재는 불특정 다수의 독자에게 내 글을 선보이는 과정으로, 쉽게 말해 검증을 받게 됩니다. 반면 투고는 한정된 인원이 보고 판단을 내리기에, 작품의 재미가 어느 정도인지 객관적으로 파악하기가 어렵습니다. 또 좋은 성적이 나오면 그다음 작품은 더 좋은 조건으로 계약할 수도 있습니다.

웹소설 작가의 수입

많은 분들이 궁금해하시며 또한 언급하기에 예민한 부분이 바로 수입이지 않을까 합니다. 중국에는 자그마치 1,100만 명이 넘는 웹소설 작가가 있다고 합니다. 우리나라 인구의 1/4이 웹소설 작가인 셈입니다. 그만큼 웹소설 시장은 커지고 있고, 또 웹소설 작가의 수입도 증가하고 있습니다.

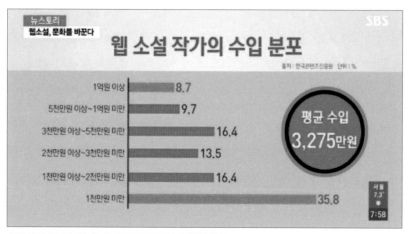

〈그림 8〉 SBS 프로그램, '뉴스토리'에 개재된 웹소설 작가 수입 분포도

웹소설 작가의 수입은 '어느 정도가 평균이다'라고 콕 집어서 말하기가 어렵습니다. 작품활동을 하지 않으면 매출이 쭉 떨어지기도 하고 현재 연재 중인 작품의 성적에 따라 유동적이기 때문에 고정적인 수입을 보장할 수 없습니다.

대신 한 필명으로 꾸준하게 작품활동을 하면 새 글을 연재할 때 기존에 연재한 작품까지 찾아보는 경우가 꽤 있어서 꾸준하게 연재를 할수록 매출도 +@가 붙기도 합니다.

여기서 중요한 건 연재를 성실히 해야 매출도 유지가 된다는 점입니다. 소설을 쓴다는 것은 회사처럼 꾸준하게 월급이 나오는 게 아니기 때문에 끊임없이 창작하면서 독자에게 재미를 선사해야 합니다. 하지만 작품을 쭉 쓰다 보면 처음에 생각해둔 소재와 아이디어가 고갈되고, 연재 주기가 무너지면 매출도 수직 하락하게 됩니다.

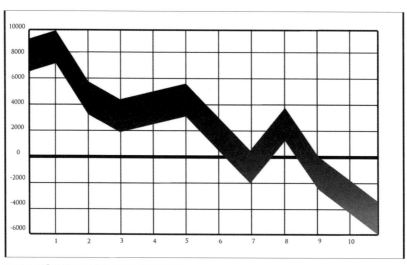

〈그림 9〉 매출이 하락하면 창작 의욕도 수직 하락한다.

웹소설 작가의 수입은 경우에 따라 천차만별로 달라지기 때문에 정확한 구간을 설정하기가 어렵습니다. 저 같은 경우는 현재 연재 중인 작품으로 기업에서 부장급 연봉을 수입으로 얻고 있지만, 다음 글에서 성적이 더 오르거나 떨어질 경우에는 수입이 오르락내리락할 것입니다.

하지만 웹소설을 문화콘텐츠로 즐기는 분들이 갈수록 늘어나기 때문에 평균적인 매출 폭도 상승할 것으로 기대하고 있습니다.

웹소설 시장의 전망

웹소설은 시간이 지날수록 저변을 확대해가고 있습니다. 현재 카카오페이지에서는 웹소설과 웹툰을 연계한 '노블코믹스'를 주력으로 밀고 있으며, 네이버 플랫폼인 시리즈에서도 인기 웹소설의 웹툰화를 강하게 밀어붙이고 있습니다.

또 로맨스 판타지나 로맨스 장르의 경우에는 드라마로 제작하는 경우가 종종 있습니다. 웹소설의 전신인 장르 소설이나 로맨스 소설의 경우에는 경쟁 매체가 만화책 정도였습니다. 하지만 지금은 한정된 연령대가 아니라 더 많은 사람이 즐기면서 유튜브나 넷플릭스 등 다른 문화콘텐츠를 경쟁 대상으로 삼을 만큼 대중화되었습니다.

물론 웹소설 시장도 장밋빛 전망만 있지는 않습니다. 코로나 여파로 간접적으로 매출이 하락하기도 했고, 트렌드 부재나 비슷한 소재가 반복되어서 독자들의 피로도가 가중되는 등 시장 대내적으로 해결해야 할 문제가 여럿 있습니다.

그런데도 웹소설 시장은 영화나 게임, 웹툰 등 여러 콘텐츠와 연계하는 2차 콘텐츠 사업으로 영역을 빠르게 확장하면서 시장 규모를 넓히는 중입니다. 종합적인 요소로 볼 때, 저는 웹소설 작가의 미래 전망이 밝다고 생각합니다.

웹소설 작가가 되려는 학생들에게

웹소설은 반드시 직업이나 수입을 얻어야 하는 목적이 아닌, 취미로 시작해도 좋은 일이라고 생각합니다. 나만의 상상을 구체화해서 글로 옮기는 것은 멋진 일이며, 글을 쓰면서 생각을 표현하는 데 익숙해질 것입니다. 만약 그렇게 쓴 작품이 많은 사람들의 사랑을 받아서 출간까지 하게 되면 보람찬 일이겠지요. 다만, 웹소설을 써보겠다고 마음먹었다면 두 가지는 강조를 드리고 싶습니다.

먼저 최대한 많은 글을 읽어 보시기를 추천합니다. 캐릭터들의 대사나 묘사, 표현 등 작품을 알차게 만드는 요소들은 단기간에 쌓이는 것이 아닙니다.

연배가 높은 작가님들의 어휘력이 풍부한 것도 인생에서 여러 경험 및 사람들을 마주하면서 자연스럽게 쌓인 것입니다. 그렇기에 독서를 많이 하면 직접적으로 경험하지는 않아도 여러 작품들의 어휘력과 대사가 자연스럽게 글에 묻어나게 됩니다.

두 번째로 강조하고 싶은 것은 연재를 해보는 것입니다. 내 작품을 타인에게 보여주는 행위는 기대와 두려움을 동시에 불러옵니다. 연재하다 보면 댓글과 조회 수 등 여러 지표에서 본인의 장단점을 알 수 있게 됩니다.

저 같은 경우에도 글을 처음 쓴 고등학교 시절에 습작을 몇 번 하다가 엎은 적이 있습니다. 그런데 조아라에 연재를 하니 독자들의 댓글과 조회 수가 늘어나는 것을 보면서 더 즐겁게 글을 쓸 수 있었습니다. 독자와의 호흡은 앱으로 연재 및 판매되는 웹소설 시장에서는 더더욱 중요해졌기에 글을 썼다면 연재해보기를 추천합니다.

연재 플랫폼은 남성향의 경우, 앞에서 언급했던 문피아에서 연재하는 것이 좋습니다. 여성향은 조아라가 웹소설 작가 데뷔의 통로로 유명하지만, 7월 서비스 예정인 카카오스테이지도 기대치가 매우 높다고 하니 양 플랫폼에서 연재를 해보시는 게 좋지 않을까 합니다.

원론에 가까운 이야기지만, 다독과 연재야 말로 작가가 되는 첫걸음이라고 생각하기에 지문을 할애했습니다. 제 이야기가 많은 예비 작가님이신 학생 여러분에게 도움이 되기를 바라는 마음으로 글을 마칩니다. 감사합니다.

손미현

무학중학교 교사 ｜ 1998년~2002년 이화여자대학교 과학교육과 학사 ｜ 2015년~2017년 서울대학교 과학교육과 화학전공 석사 ｜ 2017년~2020년 서울대학교 과학교육과 화학전공 박사 ｜ 2003년~현재까지 중학교 교사(동대문중, 용마중, 무학중) ｜ 2012년~ 현재까지 수백 차시의 융합교육, STEAM 교육, 과학교육, 화학교육, 과학관 교육 관련 콘텐츠 개발 및 관련 서적 집필

주요 관심 분야: 과학교육, 화학교육, 데이터교육, 융합교육
E-mail: 79algus@hanmail.net

CHAPTER 05

미래 교육 콘텐츠 개발자

미래 교육 콘텐츠 개발자

교육 콘텐츠 개발자의 고민

요즘은 융합이 대세입니다. 융합은 두 가지가 합쳐져 하나가 되는 것이지요. 스마트폰, 퓨전 요리 등 우리 주변에 수많은 융합의 결과가 있지만 교육만큼 융합적인 것이 없습니다. 교육은 인간이 살면서 학습해야 하는 것을 가르치는 것이며, 교육자는 무엇을 어떻게 가르칠 것인가를 고민하게 됩니다. 따라서 교육자는 융합적인 사람이어야 합니다. 가르칠 내용을 알고 있어야하고, 어떻게 가르칠 것인가에 대한 방법 역시 익숙한 사람이어야 하기 때문이지요. 지식이 많다고 해서 좋은 교육자가 아닌 것은 누구나 알고 있는 사실입니다.

저는 중학교에서 20년 가까이 근무한 교사로 사범대학을 다니면서 교과 지식과 수업 방법을 모두 배웠습니다. 하지만 배운다고 바로 잘하게 되는 것은 아닙니다. 수많은 노력의 시간이 쌓여 전문성이 만들어지는 것이지요. 저역시 어떻게 해야 학습이 원활하게 진행되는지에 대한 고민과 함께 약 10여년 전부터 다양한 교육 콘텐츠를 개발하고 관련된 책을 써왔습니다.

교육 콘텐츠 개발 전문가로서 전문성을 인정받고 교과서를 포함하여 20여권 가까이 되는 책과 수백 차시의 STEAM 교육, 과학 탐구, 과학 영재, 과학 대회 관련 콘텐츠를 개발했던 저에게 요즘 큰 고민이 생겼습니다. 바로 세상이 너무 빨리 변한다는 것입니다.

교육은 사람이 살아갈 때 필요한 지식을 익히는 것으로 밥 먹는 방법, 옷입는 방법 같은 매우 기초적인 것부터 전문 지식을 가르치는 것까지 삶의 전반에 영향을 미칩니다. 그리고 상이 바뀌면 그에 맞추어 교육 역시 바뀌어야하는 것이지요. 교육이 바뀐다는 것은 내용의 변화와 방법의 변화를 모두 고민해야 하는 것입니다.

물론 이제까지 교육이 변하지 않았던 것은 아닙니다. 세상은 계속 변화해왔으니 말입니다. 학교에서 무엇을 가르쳐야 한다는 것을 담은 교육과정만보아도 세상이 변했음을 확인할 수 있답니다. 과거 국민의 위생이 가장 큰 문제였던 시기에는 병균, 미생물, 위생에 대한 것이 과학 교과서에 반드시 포함되어야 했답니다.

3. 교통과 통신	5. 위생
(1) 교통 기관 　교통 기관, 로켓, 제트 기관 (2) 교통 시설 　도로, 교량, 철도, 비행장, 항만 (3) 유선 통신 　전신, 전화, 교환국	(1) 미생물 　부패와 발효, 미생물의 종류, 번식 (2) 기생충 　기생충, 기생 경로, 예방과 구충 (3) 공중 위생 　하수도, 오물 처리

〈그림 1〉 중학교 2차 교육과정 중학교 3학년 과학 내용(1963년)

　하지만 지금 교과서에는 이러한 내용은 포함되어 있지 않습니다. 대신 신재생에너지, 유전자 조작, 과학과 인류 문명 같은 바뀐 세상을 반영하는 내용이 포함되어 있습니다. 앞으로는 어떤 내용이 포함될지 예상해 보면서 자신의 진로를 생각해보는 것도 좋은 방법입니다.

　교육을 하는 방법도 내용만큼 큰 변화를 겪고 있습니다. 과거에는 교과서와 몇몇 문제집으로만 학교 교육이라는 것이 이루어졌습니다. 하지만 지금은 탐구 교육이나 역량 교육을 강조하면서 학생들이 직접 활동하여 지식과 기능을 익히도록 하고 있습니다. 이에 따라 다양한 수업 방법도 개발되어 수업 시간에 많은 학생들이 참여합니다. 칠판만 바라보던 일방향의 자리 배치에서 요즘은 모둠끼리 앉는 자리 배치도 많아졌답니다. 여러분 학교에 있는 수학·영어 교실, 과학실, 컴퓨터실 등이 이러한 활동을 지원하기 위해 만든 공간입니다.

　그리고 마지막 변화, 바로 학습에 이용하는 도구들이 발전하였습니다. 책과 교과서만 있던 아주 옛날부터 시작하여, 어느 순간 교실마다 컴퓨터가 설치되었고, 지금은 무선 인터넷이 설치된 교실과 충분한 태블릿 PC가 있습니다. 그런데 이러한 교육의 변화에 터보 엔진을 붙인 것 같은 일이 벌어졌습니다. 갑자기 들이닥친 코로나19로 인해 '원격수업'이라는 수업의 형태가 갑자기 학교에 들어오면서 새로운 교육 방법에 대한 요구가 커지고 복잡해졌습니다.

미래 교육 콘텐츠 개발자

실제 원격수업이 학교에서 시작되었고 사용한 도구와 플랫폼은 한두 가지가 아닙니다. 이 모든 플랫폼이나 도구는 모두 효과적인 원격수업을 위해 사용되었습니다. 과거 칠판과 분필이 전부였던 수업 도구가 이제는 그 수를 헤아릴 수 없을 만큼 늘어났고, 원격수업까지 더해지면서 플랫폼 이라는 새로운 수업 도구의 영역도 생겨난 것이죠. 이 모든 것들을 고려하여 교육 콘텐츠를 제작하는 것, 그것이 바로 미래 교육 콘텐츠 개발자의 역할입니다.

〈그림 2〉 원격수업에 이용하는 다양한 플랫폼

우리가 알고 있는 교육 자료의 종류

미래 교육 콘텐츠 개발자가 되기 위해서는 어떤 콘텐츠들이 현재 있는지 파악할 필요가 있습니다. 과거에는 학교 선생님께서 주시는 참고자료와 교과서가 전부인 적도 있었다고 합니다. 문제집이나 자습서의 종류도 이렇게 다양하지 않았죠. 하지만 요즘은 서점에 가면 정말 수많은 자료를 만날 수 있습니다. 문제집이나 자습서 이외에 학습에 도움이 되는 여러 교양서적도 구할 수 있죠. 그리고 덧붙여 나오는 인터넷 강의까지도 모두 교육 콘텐츠라고 할 수 있습니다.

〈그림 3〉 온라인 강의 플랫폼

    그런데 앞으로는 이러한 종이 형태의 교육자료가 점점 감소하고 더 다양한 형태의 교육자료가 생겨날 예정입니다. 이미 몇 가지 형태는 여러분이 수업 시간에 활용해본 적이 있답니다. AR이나 VR 콘텐츠를 과학이나 사회 시간에 수업을 해본 적이 있나요? AR이나 VR을 이용하면 우리가 실제 가보지 못한 우주를 가볼 수 있고, 원자와 같이 너무 작아서 보이지 않거나 몸 속이나 태아의 모습 등 실제 볼 수 없는 걸 볼 수 있습니다. 이러한 가상 현실 실험이나 시뮬레이션을 이용한 활동은 매우 다양하게 개발되어 있고, 앞으로도 계속해서 개발될 예정입니다. 해외에서는 이미 여러 회사에서 개발한 각각의 콘텐츠를 하나의 플랫폼에 모아 놓고 선생님이 수업에 활용할 수 있도록 만들어 놓았습니다.

〈그림 4〉 우주 과학과 관련된 VR 콘텐츠

〈그림 5〉 다양한 VR 콘텐츠를 포함하는 플랫폼(near pod)

우리나라에서도 곧 유사한 플랫폼을 만나볼 수 있답니다. 특히 이런 기능의 플랫폼은 코로나19로 인해 더욱 주목받게 되었습니다. 코로나로 인해 원격수업을 하는 비중이 높아지면서 많은 연구자는 학생들이 온라인으로 수업을 알차게 하는 방법에 대해 고민하기 시작했습니다. 그리고 대부분의 교육학자는 미래에는 지금의 기능보다 더욱 발전하고 AI가 더해지면서 학생 개인의 학습을 관리하고 평가하여 피드백을 줄 수 있다고 합니다. 또 부족한 부분을 보충할 수 있는 콘텐츠까지 추천해줌으로써 완벽한 자기 주도적 학습이 이루어질 것이라고 예상합니다. 따라서 세분화된 수준에 맞춘 교육 콘텐츠에 대한 수요는 더욱더 증가할 전망입니다. 그렇다면 미래 교육 콘텐츠 개발자는 무엇을 중요하게 생각해야 할까요? 제가 생각하는 세 가지를 하나씩 살펴보도록 하겠습니다.

미래 교육 콘텐츠 개발자에게 중요한 첫 번째

일반적인 자료가 아니라 교육을 위한 자료이기 때문에 가장 중요하게 고려해야 하는 것이 있습니다. 그것은 바로 무엇을 가르칠 것인가와 어떻게 가르칠 것인가 입니다. 예를 들어 과학 교과 내용 관련 AR 콘텐츠를 만든다고 가정해 봅시다. AR 개발자가 과학을 잘 아는 사람이라서 콘텐츠를 뚝딱뚝딱

혼자서 개발했다고 생각해 봅시다. 그렇게 만든 콘텐츠는 과학적 지식은 잘 담고 있지만, 학생들이 그 콘텐츠를 이용하여 효과적으로 학습할 수 있을지는 장담할 수 없습니다. 똑같은 교과서 내용을 가르치더라도 선생님마다 방식이 있습니다. 그 방식에 따라 이해하기 쉽고 흥미로운 내용이 되기도 하고 정반대가 되기도 합니다. 똑같은 줄거리를 가진 영화가 감독에 따라 다른 느낌을 주는 리메이크 영화같이 말입니다.

또 같은 내용이더라도 어떤 자료를 어떤 순서로 배열하여 설명하는지에 따라 학습 효과는 다르게 나타납니다. 그래서 미국의 labster 또는 labXchange 같은 플랫폼들은 교사들이 여러 콘텐츠를 다양한 순서와 형태로 제시할 수 있도록 만들어져 있습니다. 이렇게 만들 수 있도록 개발자들에게 아이디어를 제안하고, 아이디어가 제대로 구현될 수 있도록 기획하고 평가하는 것 역시 미래 교육 콘텐츠 개발자들이 해야 하는 일입니다.

결과적으로 미래 교육 콘텐츠 개발자는 항상 교육의 의미를 생각하면서, 무엇이 교육적인지 어떻게 학습이 일어나는지를 고민하면서 주변을 살펴볼 필요가 있습니다. 우리가 살면서 필요한 그 무엇이 교육 내용이어야 하고, 이를 자연스럽게 습득하는 방식이 가장 효과적인 교수학습 방법이기 때문입니다.

<그림 6> 미국의 labster와 labXchange

미래 교육 콘텐츠 개발자에게 중요한 두 번째

교육 콘텐츠를 만드는 것은 유튜브 콘텐츠를 제작하는 것처럼 학습자의 호기심을 자극하고 가르치고자 하는 내용을 잘 전달하면 되는 것일까요?

유튜브와 같이 일반 영상자료와 교육 콘텐츠의 가장 큰 차이점은 교수자와 학습자의 상호작용을 얼마나 고려하여 제작했냐는 것입니다. 유튜브와 같은 일반적인 영상 콘텐츠는 일반적으로 학습자와의 상호작용을 고려하지 않고 제작합니다. 상호작용이 없기 때문에 학습자의 상태를 확인할 수 없고, 따라서 한 번 유입된 시청자를 놓치지 않기 위해 한 번에 눈길을 확 끌 수 있는 소재나 화면을 이용합니다. 하지만 교육 콘텐츠는 학습자의 상태를 계속해서 고민하고 어떻게 끌어들일 것인지 그리고 어떤 단계까지 성취가 가능한지를 예상하여 개발해야 합니다.

손오공이 근두운을 타고 아무리 도망가도 부처님 손바닥 안이었던 것처럼 교육 콘텐츠 개발자는 학습자가 어디로 가고 어떤 돌부리에 걸려 넘어질지까지 예측할 수 있어야 좋은 콘텐츠를 개발할 수 있습니다. 그렇게 되기 위해서는 교육하고자 하는 대상의 인지 수준, 학업 능력, 관심사 등등을 모두 파악하고 있어야 합니다. 그리고 이를 바탕으로 가장 적절한 매체와 플랫폼을 선택해야 합니다.

교육 콘텐츠 개발자가 되기 위해서는 다양한 매체의 특징과 플랫폼을 잘 파악하고 있어야 합니다. 특히 '미래' 교육 콘텐츠 개발자가 되려면 더욱 여러 매체를 접하고, 플랫폼을 경험하면서 각 장단점을 파악할 필요가 있습니다. 예를 들어 영상 자료를 개발한다면 영상 자료가 학습 측면에서 갖는 장단점을 알고 있어야 합니다. 일단 영상 자료는 종이 자료보다 생동감이 있으며 소리로 전달할 수 있어서 정보의 전달 속도가 빠릅니다. 하지만 이 영상을 보는 사람이 어떤 생각을 하는지, 어디까지 이해하고 있는지 확인할 수 없습니다. 따라서 한쪽 방향으로만 소통이 가능한 영상은 교육의 효과가 크지 않을 수 있습니다. 이러한 어려움을 줄이기 위해서 다시 여러 플랫폼이 등장합니다. 영상 매체가 갖는 한계를 극복하기 위해서 영상 중간에 질문을 삽입하거나 다른 설명 영상을 첨가할 수 있도록 만든 것이죠.

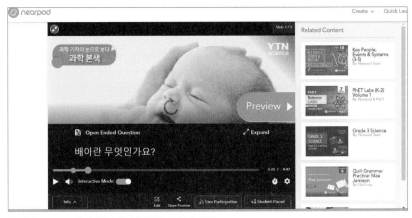

〈그림 7〉 Near pod에서 유튜브 영상에 질문을 삽입하는 과정

영상 중간에 학습자와의 쌍방향 소통이 가능해지면서 마치 교실에서 교사가 설명하는 것처럼 영상 중간에 사진을 보여주며 이해를 돕거나, 올바르게 생각하고 있는지 질문을 넣을 수도 있습니다. 이러한 플랫폼을 구성할 때 무엇이 교육적으로 효과적인지, 어떻게 제시할 때 더 유용한지 등을 고민하여 제안하는 것은 교육 콘텐츠 개발자들의 역할입니다. 또는 새롭게 개발된 플

랫폼을 시험해보고 현장에서 쓰기 편하도록 개선점을 제안하는 역할을 할 수도 있습니다.

미래 교육 콘텐츠 개발자에게 중요한 세 번째

미래 교육 콘텐츠 개발자는 공간에 대한 이해가 필수적입니다. 교육과 공간은 어떤 관계일까요? 가장 먼저 떠오르는 것은 과학관이나 박물관 같은 학교 밖 교육을 위한 특정한 공간을 구성하는 일입니다. 저도 과학관을 구성하고 전시물을 기획하는 일을 함께해본 적이 있는데, 정해진 크기의 공간 안에서 주제에 맞는 전시물을 개발 또는 개선하는데 아이디어를 제시하는 역할이었습니다.

과학관 같은 공간을 구성하는 분들은 대체로 전공이 건축이나 인테리어 관련된 분야로 과학에 대한 지식은 전문적이지 않습니다. 따라서 주제에 따라 어떤 전시물이 필요한지, 어떻게 전시물이 배치되어야 교육적으로 효과적인지에 대해 교육 전문가들과 협업이 필요한 것이지요. 교육 콘텐츠 전무가들은 과학관 테마에 맞도록 전시물에 대한 아이디어를 내놓으면, 각 분야의 전문가들이 이러한 전시물이 가능한지 기술적으로 검토하고 조사하여 이를 현실화하는 것입니다.

또한, 미래 교육 콘텐츠 개발자는 전시물들이 어떻게 배치될 때 교육적 효과가 가장 큰지 생각하고, 인테리어 전문가들과 함께 미적으로도 가치 있는 전시 공간을 만들어냅니다. 요즘은 과학관 내부의 전시물을 이용하여 교육 프로그램을 진행하는 곳들이 많기 때문에 관련된 교육 콘텐츠를 개발하고 직접 교육을 하기도 합니다.

〈그림 8〉 서울시립과학관에서 운영하는 교육 프로그램

과학관처럼 외부 공간이 아니라 실제 학교에서도 미래 교육을 위한 공간 혁신의 바람이 불고 있습니다. 학생들의 자기 주도성 학습을 지원할 수 있는 공간이 생겨나고 있는 것이죠. 그 대표적인 공간이 과학 분야에서는 무한상상실, 창의 융합형 과학실, 지능형 과학실입니다. 무한상상실은 학교 또는 공공기관에 있는 메이커 스페이스로, 학생들이 머릿속으로만 구상하는 것들을 실제로 만들 수 있도록 다양한 장비를 갖춘 공간입니다. 전국 각지에 퍼져 있기 때문에 여러 지역의 학생이 이용할 수 있고, 개인이 갖추기에는 값비싼 장비들을 보유하고 있어 학생 메이커들에게는 최고의 공간이지요.

〈그림 9〉 국립현대미술관의 무한상상실 아트팹랩

창의 융합형 과학실은 기존 습식 또는 건식 실험실과는 달리 프로젝트형 수업이 가능하도록 만들어진 과학실로 학생들의 모둠 토의, 실험, 발표, 조사 활동이 한 공간에서 순환적으로 이루어질 수 있도록 만들어진 과학실입니다. 창의 융합형 과학실은 커다란 공간 하나를 학생 활동에 따라 여러 구획으로 나누어 효율성을 극대화하고 있습니다.

그런데 학교의 무한상상실, 창의 융합형 과학실을 누가 계획하고 구성해서 만드는지 아시나요? 모두 그 학교의 교사들이랍니다. 교과에 대한 전문적 지식은 물론 수업에 대한 전문성을 바탕으로 공간을 어떻게 꾸밀 때 학생들의 탐구력과 자율성이 최대한 보장되고 발전하는지를 고민하여 공간을 기획하는 것이지요. 책상 디자인부터 시작해서 공간 구획, 하다못해 벽 색깔까지 모두 교사의 아이디어에서 탄생합니다.

전국의 창의 융합형 과학실을 살펴보면 재미있는 공간 구성이 많습니다. 어떤 학교는 과학실 한 구석에 방바닥이 만들어져 있기도 합니다. 편안한 쿠션이 자리 잡고 있어 마치 누군가의 거실처럼 꾸며진 것이죠. 학생들은 이 공간에서 탐구에 필요한 자료 조사를 위해 과학책을 보거나 인터넷 검색을 합니다. 또는 모둠 논의가 가능한 유리 패널이 있는 벽면, 교실 한 구석에서 가능한 크로마키 등 학생 중심 활동을 지원할 수 있는 공간배치가 특징입니다.

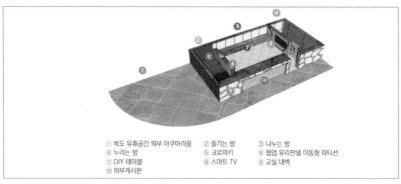

① 복도 유휴공간 외부 아쿠아리움　② 즐기는 방　③ 나누는 방
④ 누리는 방　⑤ 크로마키　⑥ 협업 유리판넬 이동형 파티션
⑦ DIY 테이블　⑧ 스마트 TV　⑨ 교실 내벽
⑩ 외부게시판

〈그림 10〉 창의 융합형 과학실의 예시

가장 최근의 공간 혁신에 대한 예시는 바로 지능형 과학실로 AI나 IoT 기반의 탐구 도구를 이용하여 과학 탐구를 할 수 있는 과학실입니다.

무엇보다 독특한 것은 과학 탐구를 위한 온라인 플랫폼이 함께 어우러져서 탐구를 수행할 수 있다는 것입니다. 지능형 과학실에서 추구하는 온라인 플랫폼은 이제까지 한 번도 시도된 적이 없는 형태입니다. 과학교육자와 과학 교사, 플랫폼 기술자들이 함께 모여 멋진 플랫폼을 기획하고 있는 것이지요. 학생들의 탐구 결과를 플랫폼에 저장하고 공유하여 다른 친구들의 탐구 결과와 비교할 수도 있고, 내가 하지 않은 실험 데이터를 확인해 볼 수도 있습니다.

학생들이 수집한 과학 탐구 결과 이외에도 해양연구소나 기상청 등의 자료를 쉽게 접근하여 활용할 수도 있고, 다양한 과학 탐구 시뮬레이션, AR · VR 콘텐츠 등을 다운로드 받아 학습할 수도 있습니다. 이러한 플랫폼이 활성화된다면 좀 더 재미있게 과학 탐구를 할 수 있지 않을까요?

이러한 플랫폼을 구성할 때, 플랫폼을 다양한 수업 형태에 이용할 수 있도록 고민하고 안내하는 것 역시 교육 콘텐츠 개발자들의 역할이 될 수 있습니다. 또한 지능형 과학실과 플랫폼이 현장에 널리 퍼지고, 이것들을 이용한 교육이 활발해지기 위해서는 많은 콘텐츠들이 필요할 것입니다.

〈그림 11〉 해외의 미래교실 예시

교육 콘텐츠 개발자들이 특정한 목적을 위해 만들어진 공간에서 활용할 수 있는 프로그램을 개발하기 위해서는 교과에 대한 전문 지식과 이를 효과적으로 학습하도록 학습 내용을 구성할 수 있는 교수학습 능력을 갖추고 공간이 갖는 특징을 이해할 수 있어야 합니다.

미래 교육 콘텐츠를 개발하는 과정

미래 교육 콘텐츠를 개발하는 과정을 살펴보도록 하겠습니다. 가장 먼저 필요한 일은 대상 확인과 목표 설정입니다.

1) 대상 확인과 목표 설정

먼저 교육 콘텐츠를 개발할 때는 사전에 파악해야 하는 몇 가지 정보가 있습니다. 일단, 누구에게 무엇을 가르칠 것인지에 대한 대상과 목표를 명확히 설정해야 합니다. 많은 사람들이 교육 콘텐츠는 교과 수업에 활용하는 것이 대부분이라고 생각할 수 있지만, 실제는 매우 다양한 곳에서 개발되고 활용되므로 학습 목표가 명확하게 결정되어야 합니다. 예를 들어, 기업체에서 사원들을 대상으로 하는 교육인지, 학교에서 자유학기제 시간에 활용할 자료인지에 따라 교육 내용과 방법이 전혀 달라지기 때문입니다.

2) 대상자의 수준과 관심 분야 파악

두 번째는 대상자의 수준을 파악해야 합니다. 성인을 대상으로 하는 교육 프로그램이라고 하더라도 대상자의 수준이 어떤지 명확히 알고 있어야 좀 더 좋은 프로그램을 개발할 수 있습니다. 교육 대상자의 수준과 더불어 무엇에 관심이 있는지도 파악하면 좀 더 흥미로운 프로그램을 만들 수 있습니다.

3) 개발해야 하는 자료 형태 확인 및 전문가 협업

정보 파악이 끝났다면, 이제는 어떠한 형태의 자료인지 확인하고, 그에 맞는 적절한 주제 또는 소재를 찾아야 합니다. 일반적으로는 개발을 의뢰한 곳에서 원하는 형태의 자료가 있습니다. 종이 형태인지, 시뮬레이션이나 가상현실 콘텐츠인지, 온라인 형태인지에 따라 적절하게 표현할 수 있는 소재나 주제를 탐색합니다.

종이 형태라면 일반적으로는 출판 및 편집을 하는 분들과 협업을 하고, 시뮬레이션이나 가상현실 콘텐츠 같은 경우는 실제 개발자들과 협업을 하게 됩니다. 종이 형태의 개발물은 아무래도 익숙하기 때문에 경우에 따라 많은 협의를 하지 않을 수 있습니다. 하지만 시뮬레이션이나 가상현실 콘텐츠, 웹 페이지를 개발하는 경우 미래 교육 콘텐츠 개발자가 직접 제작 기술을 가지고 있지 않다면 기술자들과 자주 협의하여 콘텐츠를 제작해야 합니다. 교육 콘텐츠 개발자는 어느 수준까지 기술로 구현할 수 있는지 명확하지 않고, 기술자들은 교과 전문 지식이나 교수법 등이 익숙하지 않기 때문입니다.

4) 자료 개발

기술자들과 협의 과정을 거치면서 교육 콘텐츠 개발자들은 적절한 소재와 학습 모형을 선정하여 자료를 개발합니다. 교육받을 사람들의 관심에 맞는 소재를 이용하고, 그들의 수준에 맞는 활동을 고안해야 합니다. 또 학습 목표를 달성하기 위해 효과적인 수업 방법도 고민해야 하죠. 예를 들어, 대상자가 초등학생 저학년이라면 조사 활동이나 글쓰기 활동보다는 토의 활동이나 게임 등으로 활동을 구성하는 것이 더 효과적이겠죠.

5) 실세 적용 후 피드백

개발을 마치고 나면 반드시 실제 적용해보는 과정을 거쳐야 합니다. 그래야 좀 더 실질적인 프로그램을 만들 수 있기 때문입니다. 특히 현장에 적용해 보아야 실제 가르치는 분들이 겪는 어려움을 확인하고 프로그램을 개선할 수 있는 것이지요. 학생이 자기 주도적으로 진행하는 것인지, 교사의 지도하에 이루어지는 수업인지에 따라 교사용 지도서 개발이 추가되기도 합니다. 이렇게 모든 과정을 거치고 나면 개발한 프로그램을 현장에 적용할 수 있습니다.

어떤 능력과 태도가 필요할까?

현재까지 교육 콘텐츠는 교육부나 교육청 같은 정부 기관의 주도로 교사들이 개발하거나 출판사나 학습지 회사 등에서 주로 만들었습니다. 하지만 교육 콘텐츠에 관심을 갖는 사람들이 점점 확대되고 있습니다. 예를 들어, 학생들이 많이 알고 있는 도티의 고향 샌드박스도 많은 교육 콘텐츠들이 만들어지고 있습니다. 기술의 발달로 종이 형태뿐 아니라 여러 형태의 콘텐츠 개발이 가능해지면서 그 영역은 더욱 확대되었죠. 내가 무언가를 배우고 싶을 때 유튜브를 5분만 검색해도 수천 개의 동영상을 찾을 수 있다는 것은 그 만큼 수요자도, 공급자도 많아졌다는 의미입니다. 여기에 교육이 이루어지는 공간에도 변화의 바람이 불면서 평생 교육을 지향하는 우리 사회에서 교육 콘텐츠 개발은 더욱 확대될 수밖에 없습니다.

이제까지 많은 프로그램들은 저와 같은 교사가 개발하였으나 다양한 기술이 접목되면서 점차 전문성을 더욱더 요구하고 있습니다. 기존에 요구되던 전문적 분야의 지식과 교수학습 역량뿐 아니라 기술과 공간에 대한 이해가 필요한 것이죠.

더불어 변화하는 사회에 적합한 프로그램을 개발하기 위해서는 사회와 사람에 대한 관심도 필요합니다. 이러한 관심은 뉴스를 읽는 것에서부터 시작합니다. 인터넷에서 연예인 이야기뿐만 아니라 사회, 과학, 역사, 문화 등 다양한 분야에 대해 관심을 갖고 자료를 읽어봅시다. 또 그렇게 제시된 자료들이 혹여 잘못된 것은 아닌지, 틀린 정보는 없는지 비판적으로 생각하는 연습을 해봅시다. 무엇보다 가장 중요한 것은 우리 주변의 사람들에게 관심을 갖고 애정 어린 시선으로 바라볼 수 있어야 합니다.

또 필요한 역량은 무엇이 있을까요? 사회가 복잡해지면서 한 분야의 전문성으로는 좋은 교육 콘텐츠를 개발하지 못하는 경우가 많아지고 있습니다. 따라서 다양한 분야의 전문가와 함께 일할 수 있어야 합니다. 저 같은 경우는 첨단 과학을 연구하는 과학자들과 협업하여 콘텐츠를 개발하거나 긱블과 같은 유튜버와도 함께 자료를 개발하였습니다. 이처럼 다양한 분야의 사람들과 만나 자료를 개발하기 위해서는 다른 사람의 의견을 경청하고 배려하는 소통 역량과 협업 역량이 필요합니다. 학교에서 여러분이 하는 모둠 수업은 소통 역량과 협업 역량을 키울 수 있는 매우 좋은 방법입니다. 마음에 들지

〈사진 12〉 미래교육콘텐츠개발자-빠르게 변하는 세상

〈사진 13〉 미래교육콘텐츠개발자-태블릿으로 하는 수업

않는 친구도 있을 수 있고, 혼자서 모든 걸 해야 하는 억울한 일이 생길 수도 있지만, 그것을 현명하게 해결해 나가면서 여러분의 역량이 한 뼘 씩 쑥쑥 자라게 됩니다.

여러분은 현재의 직업군에서 할 일을 찾기보다 변화하는 미래 사회 속에서 변화를 읽고 할 일을 찾는 현명한 사람이 되길 바랍니다. 이 책을 읽고 있는 여러분은 이미 현명한 사람이겠지요?

김정현

한밭대학교 신소재공학과 교수 ｜1996년~2003년 성균관 대학교 재료공학 학사 ｜2003년~2005년 한국 과학기술원(KAIST) 재료공학 석사 ｜2005년~2009년 한국과학기술원(KAIST) 기계공학 박사 ｜2009년 ~2011년 University of St. Andrews, Research Fellow ｜2011년~2020년 국립 한밭대학교 조교수, 부교수 ｜2020년~현재 국립 한밭대학교 교수 ｜2020년~현재 국립 한밭대학교 공동실험실습관 관장, 연구실 안전관리 센터 센터장

주요 관심 분야: 신재생에너지, 고체산화물 연료전지, 배터리, 세라믹, 전기화학
E-mail: jhkim2011@hanbat.ac.kr

CHAPTER 06

'인싸'가 된 연료전지 개발자

---- CHAPTER 06 ----

'인싸'가 된 연료전지 개발자

공과대학 교수가 되는 단계

안녕하세요? 저는 대전에 있는 국립 한밭대학교 신소재공학과 김정현 교수입니다. 혹시 여러분은 대학교수라는 직업에 대해서 어떠한 생각을 하고 있나요? 이 책을 읽는 학생 중에서도 미래에 신소재를 연구하는 교수가 되겠다는 꿈을 키워가고 있는 친구가 있을 거라고 생각합니다. 우리 학생들에게 교수라는 직업은 대학생들에게 강의를 하는 선생님의 이미지로 각인된 경우가 많을 것 같습니다. 그래서 일반적인 교수가 되는 과정, 연구하는 과정 그리고 미래 연구자로서의 교수의 역할과 지적 재산의 축적에 대한 저의 경험을 말씀드리려고 합니다. 특히 제 연구 분야인 신소재공학을 중심으로 학생

지도는 어떻게 하는지 그리고 연구 경험담에 대해 말씀 드리겠습니다. 참고로 공과대학 교수라는 입장과 관점에서 설명한다는 점을 참고하여 읽어주시면 좋겠습니다.

대학교수가 되려면 학사학위, 석사학위 및 박사학위 과정을 거쳐야 합니다. T라는 영어 철자를 보면 T의 머리 부분인 ㅡ에 해당하는 부분이 대학교 교육과정을 의미합니다. 학생들이 선택한 전공에 대한 일반적인 개념과 다양한 전공 교육을 받는 과정이 학사과정입니다. 우리나라는 일반적으로 4년 정도면 대학 과정을 마칠 수 있습니다. 이를 통해 학생들은 다양한 지식을 얻은 후 졸업과 동시에 학사학위를 받습니다.

이렇게 학사학위를 취득하면, 대학원 석사과정에 진학할 수 있는 자격을 얻게 됩니다. 이때 석사과정은 학사과정과는 다르게 지도교수님을 선택할 수 있고, 자기의 세부 전공을 결정해서 T의 l 부분으로 진입하는 단계이며, 조금 더 깊은 지식을 쌓고 연구를 할 수 있습니다. 보통 2년 정도의 시간이 걸립니다. 물론 논문을 완성하는 시기에 따라 기간이 달라지기도 합니다. 또 최근에는 석사 · 박사 통합과정이 있어서 석사과정에서 졸업 논문을 쓰지 않고 박사과정으로 바로 넘어가기도 합니다. 하지만 일반적으로 석사학위를 취득한 후에 박사학위 과정에 들어갑니다.

박사과정은 T의 l 부분 끝으로 진행하는 학문 과정을 말합니다. 자신의 연구 분야를 학문적으로 보여주어야 하고, 연구를 주체적으로 진행할 수 있는 능력을 기를 수 있는 기간이 바로 박사학위 과정입니다. 사람마다 또는 소속

되어 있는 학교마다 조금씩 차이가 있지만 4~6년간의 시간이 필요합니다. 박사과정에서 자기의 연구 결과를 체계적으로 작성하고, 동료의 평가를 받으며, 최종적으로 자기의 이름이 표시된 논문을 인쇄하여 외부에 공개합니다. 이런 과정을 통해서 박사학위를 취득합니다.

박사학위 취득 이후에도 자신의 연구 분야를 더 깊게 연구하기 위해 박사후연구원(영어로는 Post-doctoral researcher로 표현하고, 일반적으로 '포닥'이라고 말합니다)이 되어 스스로 연구를 진행할 수 있는 독립적인 연구 주체가 될 수 있습니다. 또는 대기업, 연구소 등에서 근무하는 사람들도 많습니다. 이처럼 박사학위 취득과 함께 다양한 경험을 한 상태에서 대학교수가 됩니다.

교수: 교육자의 길 / 연구자의 길

대학교수들은 대부분 교육자와 연구자의 역할을 함께 수행합니다. 교육자의 역할로서 특화된 전공 분야를 중심으로 대학생, 석사 및 박사과정의 학생들을 가르칩니다. 대학생의 경우 대학 전공과목을 중심으로 수업 위주의 진행이 일반적이며, 석사 및 박사 과정의 학생들은 대학생과 다르게 심도 있는 전공지식에 대한 교육으로 수업이 이루어집니다. 그리고 석사 및 박사 과정 학생들은 지도교수에 소속되어(실험실이라고 하고 랩이라고도 합니다) 그룹미

팅 및 논문 작성을 함께합니다.

　일반적으로 교수님들을 교육을 중심으로 생각하기도 하지만 각 교수님은 자신의 전공 분야가 있어서 그 분야에 대한 연구를 꾸준히 합니다. 그렇다면 꾸준한 연구 활동의 핵심은 무엇일까요? 연구과제가 필수이며 그 핵심은 연구 분야의 아이디어와 연구비 확보에 있습니다. 연구의 아이디어는 교수님들이 가지고 있는 전공 분야의 흥미와 관심을 기반으로 항상 준비되어 있고, 연구비 확보는 교수님들이 과제 제안서를 통해 외부에서 평가 받아 연구비를 확보하게 되는 과정이 일반적입니다. 하지만 연구비를 확보하는 과정은 생각보다 어렵습니다.

연구자의 길

　"호사유피 인사유명(虎死留皮 人死留名)"이라는 고사성어가 있습니다. "호랑이는 죽어서 가죽을 남기고, 사람은 죽어서 이름을 남긴다"라는 말입니다. 이를 조금 확대하면 아래와 같이 만들 수 있을 것 같습니다.

　호랑이는 죽어서 가죽을 남기고, 사람은 죽어서 이름을 남기며, 판사는 판결문을 남기고… 마지막으로 교수는 논문을 남긴다. 여기에서 짐작할 수 있듯이 교수들에게는 논문이 가장 중요하다고 할 수 있습니다. 그럼 연구 과정의 핵심이며 최종 결과물인, 석사학위 또는 박사학위 같은 최종 학위논문이 아니라 http://www.sciencedirect.com/ 같은 사이트에서 확인할 수 있는 논문 작성 과정에 대해 알려드리겠습니다.

논문을 작성하는 첫 번째 과정은 연구 분야에 대한 의문에서 시작합니다. 제가 연구하고 있는 연료전지에 관련된 경우를 예로 들어보겠습니다. '연료전지의 성능을 향상시키려면 어떤 재료를 사용해야 할까? 기존에 적용되지 않은 시스템을 도입한다면 어떻게 될까?'라는 호기심에서부터 출발합니다.

두 번째 과정으로 호기심에 대한 이유를 알아볼 필요가 있습니다. 호기심을 해결하기 위해서는 특정 분야에 대한 많은 공부가 필요합니다. 대표적으로 기존에 게재된 논문을 모두 자세히 읽어보고 관련 지식을 이해해야 합니다. 이 과정은 시간이 꽤 많이 소요됩니다.

세 번째 과정은 호기심을 객관적인 결과로 제시하기 위해 실험을 진행합니다. 이를 위해 연구시설, 장비 및 재료가 필요합니다. 그리고 집중적으로 실험을 하면서 자기 생각을 바탕으로 구현해낸 실험적 결과가 반드시 나와야 합니다. 이 과정에서 많은 시행착오를 거치게 됩니다. 단순한 몇 번의 실험이 아닌 결과를 증빙하고 또 확보한 결과를 재현할 수 있는지 추가 실험이 반드시 동반되어야 합니다. 이때 연구자들은 반드시 실험 노트를 작성해야 합니다. 사람의 기억력은 휘발되는 특성이 있습니다. 따라서 모든 실험 결과를 노트에 구체적으로 작성해놓아야 합니다.

네 번째, 실험 결과를 반드시 문서로 정리해야 합니다. 만약 우수한 실험 결과를 얻었다면 이후에 어떤 과정을 진행해야 할까요? 구두로 연구 결과를 발표하는 것도 좋은 방법이지만, 실험 결과는 반드시 문서화해야 합니다. 이때 문서화라는 것은 실험 결과를 문서로 체계적으로 작성하는 것을 의미합니다. 동시에 기존의 연구 결과를 인용해서 논문에 참고문헌으로 제시해야 합니다.

다섯 번째, 문서로 정리한 실험 결과는 그 자체로 논문 게재가 되지 않습니다. 실험 결과는 평가를 통해서 진행됩니다. 일반적으로 우수함을 인정받는 논문은 동료평가(peer review)의 절차를 통해 평가 받게 됩니다. 이러한 동료평가는 논문 편집자가 논문이 출판할 가치가 있는지 아닌지를 결정하는 데 도움을 주는 전문가 조언 시스템 과정이라고 할 수 있습니다. 동료평가에서 우수한 논문으로 인정되지 않을 경우, 논문의 출판을 담당하는 편집자에 의해 거절을 당할 수도 있습니다. 그래서 논문작성과 평가를 받는 과정은 몹시 어려운 과정입니다. 그리고 이 과정에서 동료평가에 의한 결과를 논문에 반영시켜야 합니다. 이를 revision 과정이라고 하는데, 마치 '마른 수건을 짜는 절차'로 비유할 수 있을 만큼 많이 힘든 과정입니다.

마지막으로 revision 과정 이후 수정되고 보완된 논문이 다시 동료평가에 의해서 평가를 받고 저널에 논문으로 게재가 가능하다면 'accept'라는 평가를 받고 논문을 인쇄본으로 게재할 수 있습니다.

저는 논문이 게재되면 이전의 고생은 이상하게도 씻은 듯이 사라집니다. 저는 남성이어서 출산의 경험은 없지만, 어머니들은 출산의 고통을 아기를 키우면서 모두 잊게 된다고 합니다. 논문 작성과 게재하는 과정도 출산의 고통과 비슷한 것 같습니다. 출산의 고통을 잊고 둘째 아이를 또 세상에 태어나게 하는 어머니처럼 또다시 논문들을 작성합니다.

연료전지가 인싸가 된 이유 ❶

'인싸'는 insider(인사이더)를 줄여 만든 말로 요즘 학생들이 많이 사용하는 말입니다. 연료전지가 최근 인싸가 되었습니다. 그 이유를 알아보겠습니다. 연료전지에 대한 관심은 우선 환경문제에 대한 인식에서부터 시작되었습니다.

여러분들은 환경문제의 심각성에 대해 많이 보고 듣고 느끼고 있을 것입니다. 환경오염을 최소화하는 신소재에 관한 연구도 활발하게 이루어지고 있습니다. 특히 제가 연구하고 있는 연료전지에 대한 관심도 높아지고 있지요. 그래서 저는 전기 에너지를 만들어내고 환경을 보호하는 연료전지를 '인싸'로 재미있게 설정해 보았습니다.

여러분들은 환경 문제의 심각성을 느끼고 있나요? 우리가 현재 누리고 있는 화려한 문명의 모든 근본은 주로 전기가 바탕이 되고 있답니다. 전기가 없는 세상, 정말 상상하기 어렵지요? 〈그림 1〉을 보면 서울의 야경을 보여주고 있어요. 아주 근사하지요? 그리고 〈그림 2〉는 제가 주로 활동하고 있는 대전 엑스포공원의 야경 사진(제43회 대한민국 관광 사진 공모전 입선작 이성호 작가님의 작품)입니다. 이러한 문명 생활을 할 수 있고 학생들의 중요 물품 1호인 스마트폰을 이용할 수 있는 근원은 전기라고 할 수 있습니다.

〈그림 1〉 서울의 야경
https://kr.freepik.com/premium-photo/the-night-view-of-seoul-with-a-sightseeing-boat_5372441.htm

〈그림 2〉 제43회 대한민국 관광 사진 공모전 입선작 이성호 작가의 작품
https://m.blog.naver.com/PostView.nhn?blogId=korea_diary&logNo=220526456888&proxyReferer=https:%2F%2Fwww.google.com%2F

만약에 전기가 없는 우리의 생활을 상상해본 적이 있나요? 이미 우리는 전기가 없으면 하루도 살 수 없고 너무 불편한 삶을 살 수밖에 없습니다. 이처럼 우리 생활에서 전기에너지는 굉장히 중요합니다. 하지만 전기 또는 전기에너지라고 불리는 에너지를 만들어내는 과정에서 우리가 생각하지도 못한 문제점이 발생했고, 지금도 발생하고 있습니다. 결과적으로 환경파괴를 할 수밖에 없는 문제가 있는 것입니다.

전기를 만드는 과정에서 CO_2와 같은 부산물들이 많이 발생해 지구 평균 온도가 상승하고 있습니다. 여러분은 파리 협정이라고 들어봤나요? 온도 상승을 적극적으로 막기 위한 모든 나라의 노력이 파리 협정 결과에 제시되어 있습니다. 해당 내용(https://ko.wikipedia.org/wiki/%ED%8C%8C%EB%A6%AC_%ED%98%91%EC%A0%95_(2015%EB%85%84))을 보면 "지구 평균온도 상승 폭을 산업화 이전 대비 2℃ 이하로 유지하고, 더 나아가 온도 상승 폭을 1.5℃ 이하로 제한하기 위해 함께 노력하기 위한 국제적인 협약이다"라고 되어 있어요. 이때 온도 상승 폭을 1.5℃ 이하로 제한한다는 말이 중요합니다. 이 내용은 지구상에 섬나라 국가 및 도시들이 많은데 최소한의 존립을 담보하기 위해서 온도 상승에 따른 해수면 상승을 막을 수 있는 최소한의 온도 상승 폭을 1.5℃로 설정하고 있습니다.

그렇다면 지금 우리 현실에 대해 살펴볼 필요가 있습니다. 우리는 전기에너지가 필요합니다. 제가 직접 우리나라의 전력 소비량 변화를 확인하기 위해서 e-나라지표(http://www.index.go.kr)의 데이터를 이용하여 〈그림 3〉

에 정리해보았습니다.

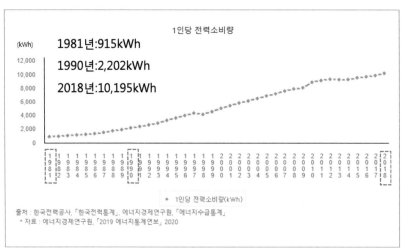

〈그림 3〉 우리나라의 전력 소비량 변화
http://www.index.go.kr(e-나라지표)

1981년도에는 1인당 전력 소비량이 약 915kWh였습니다. 그럼 약 10년 후인 1990년에는 1인당 얼마 정도의 전력을 소비했을까요? 약 두 배 정도 증가한 2,202kWh 정도 소비한 것을 알 수 있습니다. 그리고 2018년에는 1인당 약 10,195kWh를 사용했습니다. 1981년에서 2018년의 기간을 약 40년으로 생각한다면 40년 동안 1인당 전력 사용량이 10배 이상 증가한 것을 알 수 있습니다. 예전에는 사용하지 않았지만, 지금은 생활필수품이 된 김치냉장고, 에어컨 그리고 최근에는 인덕션 같은 제품들이 모두 전기를 사용해야 한다는 사실을 안다면 전기 사용량의 증가는 어쩔 수 없는 현실이라고 할 수 있습니다.

전기사용량은 계속 늘어날 수밖에 없고 전기를 만들어낼 수 있는 석탄, 석유, LNG 및 원자력 같은 연료 중 CO_2 발생과 직접적으로 관련이 있는 석탄 및 석유가 절대적으로 많은 비중을 차지하고 있습니다. 그렇다면 이러한 CO_2 생성을 억제하면서 전기에너지를 생산할 방법은 없을까요?

만약 〈그림 4〉에서 볼 수 있는 영웅들이 우리 생활 속에 정말 존재한다면 그 영웅들에게 에너지와 전기를 생산해 달라고 요청할 수 있지 않을까요? 저스티스 리그 영웅들과 어벤져스 멤버들이 이러한 우리들의 요청을 쉽게 받아줄 수 있을 것으로 생각합니다. 하지만 안타깝게도 영화는 영화일 뿐 이런 영웅들도 답을 줄 수가 없습니다. 하지만 〈그림 5〉에서 보는 사진은 영화이지만, 〈그림 4〉와는 아주 다릅니다. 사실에 근접한 좋은 자료이지요. 'Terminator 3: Rise of the Machines'라는 영화인데 주인공인 터미네이터가 상처를 입고 자기 몸에서 부품을 꺼내 밖으로 던지는 장면이 있습니다. 몇 초 후에 그 부품이 쾅! 하고 폭발하는 장면을 볼 수 있지요. 여러분은 그 부품의 정체를 알고 있습니까?

〈그림 4〉 '저스티스 리그 영웅들', '어벤저스 멤버' 및 김민수 화가 '영웅부적' 그림
영화 포스터 출처: Justice League (2017) (https://www.dccomics.com/movies/justice-league)
영화 포스터 출처: Marvel's The Avengers (https://marvel.fandom.com/wiki/Marvel%27s_The_Avengers)
그림 출처: 김민수 화가(https://www.yeongnam.com/web/view.php?key=20191002.010220809330001)

〈그림 5〉 영화 "터미네이터 3'의 한 장면
https://www.youtube.com/watch?v=ISvdKHMF7Ak

그 부품은 연료전지라고 터미네이터가 직접 말("Damaged Hydrogen Fuel Cells")합니다. 맞습니다. 연료전지입니다. 영화 속에서도 연료전지에 관련된 내용이 나오고 있고, 현실에서도 연료전지라는 말을 많이 듣고 있습니다.

연료전지가 인싸가 된 이유 ❷

연료전지에 대해 잠시 영어 공부를 해보도록 합시다. 연료전지에 관련된 영문 표기는 Wikipedia 의 내용(https://en.wikipedia.org/wiki/Fuel_cell)을 학생들이 알아볼 수 있게 조금 수정했습니다. 영어로 연료전지는 fuel cell 또는 fc(football club의 fc는 아닙니다), 전기화학반응 전지는 electrochemical cell, 수소는 hydrogen, 산소는 oxygen, 전기는 electricity라고 합니다. 그리고 convert a into b라는 숙어는 'a를 b로 변환시키다'라는 숙어입니다. 그 정도만 알면 연료전지의 영문 정의를 알 수 있습니다.

A fuel cell is an electrochemical cell that converts the chemical energy of hydrogen and oxygen into electricity, directly.

자, 그러면 위의 영어를 해석해 봅시다. 연료전지는 전기화학반응 전지입니다. 어떻게? 수소와 산소의 화학에너지를 전기로 직접 바꾸는… 맞습니다. 연료전지는 수소와 산소가 가지고 있는 화학에너지를 전기에너지로 직접 바꿔주는 에너지 변환 장치라고 할 수 있습니다. 그리고 연료전지의 화학반응은 오른쪽 식에서 보듯이 $H_2 + \frac{1}{2}O_2 \rightarrow H_2O$로 표현합니다. 그래서 부산물로는 이론적으로 깨끗한 물만 발생한다는 것을 알 수 있습니다. 이런 연료전지의 원리를 〈그림 6〉에서 간단하게 설명할 수 있습니다.

그럼 전기를 생산하면서도 깨끗한 물만 발생하니 친환경적이라고 할 수 있지요. 〈그림 7〉을 보면 부산물인 물이 너무 깨끗해서 물고기에게 공급할 수도 있고 〈그림 8〉에서는 연료전지로 대기의 미세먼지를 제거할 수 있는 흥미로운 장면을 정리했습니다. 이러한 친환경적이면서도 우리가 사용할 수 있는 전기를 직접 생산하기 때문에 연료전지는 '인싸'가 되었습니다.

연료전지가 인싸가 된 이유 ❸

그러면 연료전지의 연료가 되는 수소에 대해 알아보도록 할까요? 조금 어려울 수도 있지만 〈그림 9〉에 정리를 했습니다. 공기를 1로 한 경우의 상대값을 정리했는데, 예를 들어 공기가 1g이라면 수소는 약 0.07g입니다. 그래서 수소는 세상에서 가장 가벼운 기체라고 볼 수 있습니다. '가볍다'라는 말은 그 말 자체에서 에너지로는 사용할 수 없다는 생각을 할 수 있는데 전혀 그렇지 않습니다. 그러면 〈그림 10〉으로 넘어가 볼까요? 몰 연소열(kJ/mol)과 연소열(kJ/g)이라는 단위를 보면 수소는 몰 연소열(kJ/mol)의 관점에서 볼 때 가장 작은 값을 가지고 있지만, 연소열(kJ/g)에서는 가장 큰 값을 가지고 있는 것을 알 수 있습니다.

이때 두 번째로 표시된 연소열(kJ/g)이 가장 중요합니다. 다른 기체와 비교했을 때, 즉 동일한 무게에 비해 수소가 가장 많은 에너지를 가지고 있다는

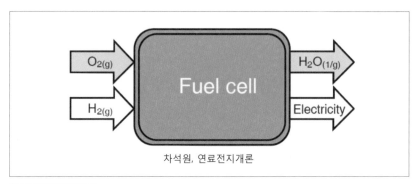

〈그림 6〉 연료전지의 원리
자료 출처: 차석원, 연료전지개론

〈그림 7〉 연료전지는 부산물로 깨끗한 물만 발생시킨다.
자료 출처: 현대자동차, https://www.youtube.com/watch?v=ol1YTv-p9zo

〈그림 8〉 연료전지로 대기의 미세먼지를 제거
자료 출처: 현대자동차, https://www.youtube.com/watch?v=GaQlB3cs8EU

말입니다. 이 말을 다른 관점에서 보면 수소가 현재 존재하는 기체 중에서 가장 에너지양이 높다는 말이 됩니다. 그리고 연료전지에 공급되는 대표 연료가 수소이므로 연료전지는 가장 에너지가 높은 연료를 이용해서 CO_2와 같은 부산물 없이 물만 배출하면서 동시에 전기를 생산하기 때문에 '인싸'가 되었답니다.

기체 이름	0°C, 1기압에서의 밀도(g/l)	공기를 1로 한 경우의 상대 값
수소(H_2)	0.09	0.07
헬륨(He)	0.179	0.14
메탄(CH_4)	0.716	0.56
공기(Air)	1.29	1.00
산소(O_2)	1.43	1.11
이산화탄소(CO_2)	1.98	1.53

https://www.britannica.com/science/hydrogen

〈그림 9〉 연료전지의 연료가 되는 수소

기체 이름	몰 연소열(kJ/mol)	연소열(kJ/g)
수소(H_2)	285.8	141.8
메탄(CH_4)	890.4	55.7
에탄(C_2H_6)	1560	52
프로판(C_3H_8)	2204	50.1

〈그림 10〉 몰 연소열(kJ/mol)과 연소열(kJ/g)

연료전지가 인싸가 된 이유 ❹

또 다른 이유는 요즘 여러분들이 수소자동차를 직접 볼 수 있고 또 타볼 수도 있기 때문입니다. 우리나라 대표 자동차 회사인 현대에서 연료전지 자동차를 세계 최초로 양산화에 성공했고 '넥쏘'라는 SUV가 우리나라의 대표 수소자동차 또는 수소 SUV라고 할 수 있습니다. 〈그림 11〉의 '넥쏘' 사진을 보면 그 형태를 알 수 있습니다.

우리나라 기업에서 세계 최초로 연료전지 자동차를 만든 건 아니지만 세계 최초로 양산화에 성공했다는 점이 중요합니다. 이 말은 연료전지 자동차가 제작될 때 발생할 수 있는 문제를 해결하고 대량생산에 성공했다는 것을 뜻하기 때문입니다.

〈그림 11〉 우리나라의 대표 수소자동차 '넥쏘'

연료전지가 인싸가 된 이유 ❺

연료전지는 작동온도 범위와 전해질의 종류에 따라서 다양하게 분류할 수 있습니다. 이 중 작동온도에 따라서 저온형 연료전지와 고온형 연료전지로 분류합니다. 〈그림 12〉는 다양한 연료전지의 full name과 약자 및 각각에 해당하는 특성에 대해 정리했습니다. 저온형 연료전지로서 고분자 전해질 연료전지(PEMFC: Proton Exchange Membrane Fuel Cell)가 대표적이며 〈그림 11〉에서 확인할 수 있는 넥쏘는 PEMFC를 이용합니다. 주로 이동형으로 적용할 수 있기 때문에 〈그림 13〉에 있는 연료전지 자동차와 연료전지

AFC:Alkaline Fuel Cell (알칼라인형 연료전지)
PAFC: Phosphoric Acid Fuel Cell (인산형 연료전지)
PEMFC:Proton Exchange Membrane Fuel Cell (고분자·전해질 연료전지)
DMFC: Direct Methanol Fuel Cell (직접메탄올 연료전지)
MCFC: Molten Carbonate Fuel Cell (용융탄산염 연료전지)
SOFC: Solid Oxide Fuel Cell (고체산화물 연료전지)

Fuel Cell	Lower temperature FC				Higher temperature FC	
	알칼라인형 연료전지 (AFC)	인산형 연료전지 (PAFC)	고분자 전해질 연료전지 (PEMFC)	직접메탄올 연료전지 (DMFC)	용융탄산염 연료전지 (MCFC)	고체산화물 연료전지 (SOFC)
작동 온도	저온(Low temp) (90, 260°C)	저온(Low temp) (200°C)	저온(Low temp) (80°C)	저온(Low temp) (80°C)	고온(High temp) (650°C)	고온(High temp) (500-1000°C)
전해질	액체(Liquid)	액체(Liquid)	고분자(Polymer)	고분자(Polymer)	세라믹(Ceramic)	세라믹(Ceramic)
전해질 재료	NaOH, KOH	Phosphoric Acid (H_3PO_4)	Nafion	Nafion	K_2CO_3-$LiCO_3$	YSZ $(=ZrO_2+Y_2O_3)$
이동하는 이온	OH^-	H^+	H^+	H^+	$(CO_3)^{2-}$	O^{2-}
공기극에 공급되는 가스	$1/2O_2$	$1/2O_2$	$1/2O_2$	$3/2O_2$	$1/2O_2+CO_2$	$1/2O_2$
연료극에 공급되는 가스	H_2	H_2	H_2	CH_3OH+H_2O	H_2	H_2
이온이 만들어지는 장소	Cathode	Anode	Anode	Anode	Cathode	Cathode
이온이 움직이는 방향	C→E→A	A→E→C	A→E→C	A→E→C	C→E→A	C→E→A
공기극의 반응	$1/2O_2+2e^-$ $+H_2O→2OH^-$	$1/2O_2+2e^-+2H^+$ $→H_2O$	$1/2O_2+2e^-+2H^+$ $→H_2O$	$3/2O_2+6H^++6e^-$ $→3H_2O$	$1/2O_2+CO_2+2e^-$ $→CO_3^{2-}$	$1/2O_2+2e^-→O^{2-}$
연료극의 반응	$H_2+2OH^-→2H_2O+2e^-$	$H_2→2H^++2e^-$	$H_2→2H^++2e^-$	CH_3OH+H_2O $→CO_2+6H^++6e^-$	$H_2+CO_3^{2-}$ $→H_2O+CO_2+2e^-$	$H_2+O^{2-}→H_2O+2e^-$
전체 반응	$1/2O_2+H_2→H_2O$	$1/2O_2+H_2→H_2O$	$1/2O_2+H_2→H_2O$	$3/2O_2+CH_3OH$ $→CO_2+2H_2O$	$1/2O_2+H_2→H_2O$	$1/2O_2+H_2→H_2O$

〈그림 12〉 다양한 연료전지의 full name과 약자 및 각각의 특성

〈그림 13〉 연료전지 자동차와 연료전지 드론

드론에 많이 적용합니다. 그리고 화물차와 같은 트럭에도 연료전지가 적용되고 있답니다.

상용 트럭은 배터리로 이동하기에는 상당히 어렵습니다. 배터리의 충전된 전기로 이동하기 위해서는 배터리의 용량이 증가해야 하는데 용량이 증가하면 배터리의 무게가 증가할 수밖에 없습니다. 그렇기 때문에 에너지가 가장 높은 수소를 넣는다면 상대적으로 무게의 부담이 낮은 수소를 이용한 PEMFC가 연료전지 트럭에 가장 적합하다고 할 수 있지요.

반면 〈그림 12〉를 보면 고체산화물 연료전지(SOFC: Solid Oxide Fuel Cell)가 고온형 연료전지를 대표한다고 할 수 있습니다. 제가 전공한 연구 분야이기도 합니다. 그럼 다시 영어를 통해서 SOFC에 대해 알아볼까요? 고체를 영어로 Solid, 산화물(또는 세라믹)을 Oxide라고 합니다. 그렇다면 고체이며 산화물로 구성된 연료전지를 SOFC라고 할 수 있지요. 여러분이 생각하는 산화물(또는 세라믹)은 어디서 볼 수 있을까요? 조금 어렵긴 하죠? 그럼 제가 준비한 〈그림 14〉를 보고 이해해 보도록 합시다. 〈그림 14〉는 2013년 MBC에서 방영된 '불의 여신 정이'라는 드라마인데, 여기에서 다양한 도자기를 볼 수 있습니다. 그렇다면 산화물은 도자기와 관련 있다고 생각할 수 있겠죠? 맞습니다. 산화물은 대표적인 도자기라고 할 수 있고, SOFC는 세라믹으로 구성된 연료전지라고 할 수 있습니다.

세라믹은 경도가 높은 특징이 있지만, 취성이라고 하는 깨지는 특성이 있습니다. 그래서 SOFC는 주로 이동형에 적용하기보다는 한 장소에 고정하

〈그림 14〉 MBC 드라마(2013년) '불의 여신 정이'

〈그림 15〉 고정된 장소에 SOFC를 설치하여 전기를 발생시킨다.
신태호 박사(한국세라믹기술원) – 한국표준과학연구원 2020년 8월 28일 발표 자료

여 전기를 발생시키는 용도로 주로 사용하고 있답니다. 〈그림 15〉를 보면 자
동차와 같이 움직이는 대상이 아닌 고정된 장소에 SOFC를 설치하여 전기를
발생시키고 있습니다.

연료전지가 인싸가 된 이유 ❻

그러면 SOFC에 관한 원리를 잠깐 공부하도록 하겠습니다. SOFC가 전기를 발생시키기 위해서는 세 개의 층(Cathode/ Electrolyte/ Anode)으로 구성되어야 합니다. Cathode에는 산소 또는 공기가 주입되어 산소 분자(O_2)가 산소 이온(O^{2-})으로 변하게 되는데, 이 과정을 환원이라고 합니다. Electrolyte는 산소 이온이 이동하는 층이며 cathode에서 발생된 산소 이온이 이동하는 통로라고 할 수 있지요.

그러면 산소 이온은 어떻게 이동을 할까요? 결함 화학으로 어렵게 설명할 수 있지만 〈그림 17〉은 제가 종종 사용하는 크레용팝의 '빠빠빠' 사진입니다. 크레용팝 멤버들의 헬멧이 보이죠? 산소 이온은 크레용팝 멤버들의 헬멧에서 헬멧으로 이동하게 됩니다. 즉, jumping을 하면서 어렵게 그리고 힘들게 anode까지 이동하게 됩니다. 다시 〈그림 16〉으로 돌아가 볼게요. anode에는 수소가 공급되는데, 이동한 산소 이온과 산화 반응을 통해 전자를 발생시키고 동시에 물을 만들어내는 과정이 SOFC의 원리라고 할 수 있습니다. 이러한 세 개의 층을 단전지라고 하고, 우리가 직접 사용하기 위해 단전지를 계속 쌓은 부품들을 조합하게 되며, 이를 스택이라고 합니다. 이러한 스택을 통해서 우리가 사용할 수 있는 충분한 전력이 생성됩니다.

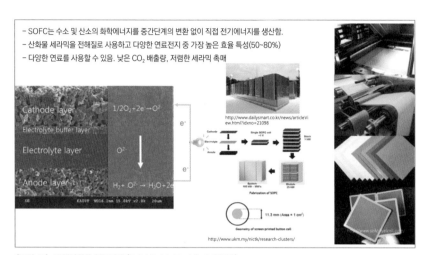

〈그림 16〉 고체산화물 연료전지 (Solid Oxide Fuel Cell, SOFC)
신태호 박사(한국세라믹기술원) – 한국표준과학연구원 2020년 8월 28일 발표 자료

〈그림 17〉 크레용팝의 '빠빠빠' 공연 모습
 https://www.google.com/url?sa=i&url=http%3A%2F%2Fstar.ohmynews.com%2FNWS_
Web%2FOhmyStar%2Fat_pg.aspx%3FCNTN CD%3DA0001951397&psig=AOvVaw0lNV-ZZ7JLuIU_Iz
qWbPyS&ust=1623394233511000&source=images&cd=vfe&ved=0CAIQjRxqFwoTCLDtgPy8jPECFQA
AAAAdAAAAABAV

연료전지 연구를 담당하는 신소재공학과

우선 신소재공학과는 철강 재료, 세라믹 재료, 반도체 재료, 에너지 재료에 관련된 모든 재료의 특성에 대해 배울 수 있는 중요한 학문을 다루고 있는 학과입니다. 이에 따른 적용 분야를 본다면 〈그림 18〉에 정리되어 있습니다(출처: LG Displayers 디:플ㅣ디플17). 반도체, 철강-자동차, 석유화학, 에너지·전지, IT산업 및 디스플레이에 적용되는 대부분의 재료를 다루고 있습니다. 우리에게 익숙한 휴대폰도 대부분 금속 및 세라믹으로 구성되어 있습니다. 금속과 세라믹은 신소재공학과에서 주로 다루고 있는 기본 재료입니다.

여러분이 가장 관심을 보이는 신소재공학과의 전망은 다음과 같이 정리할 수 있습니다.

(1) 세계는 다양한 첨단소재를 개발하기 위해 소리 없는 전쟁 중이라고 할 정도로 관심이 급증하고 있습니다. 〈그림 19〉에서 알 수 있듯이 최근 일본의 수출규제에 따른 소재·부품·장비의 국산화가 진행되는 상황은 신소재공학의 필요성을 더욱 강조할 수 있는 시대적인 상황이라고 할 수 있습니다.

(2) 이러한 상황에서 신소재공학 연구로 개발된 상품의 생산 가치가 높은 만큼 각 기업이나 국가 차원에서도 신소재 개발에 박차를 가하고 있습니다.

(3) 따라서 신소재공학의 미래 진망은 매우 긍정적이라고 말할 수 있습니다.

신소재공학을 전공한 학생들은 다음과 같은 일을 주로 담당합니다.

〈그림 18〉 LG Displayers 디:플l디플17

〈그림 19〉 일본의 수출규제로 소재, 부품, 장비의 국산화가 진행되고 있다.

(1) 우리 생활에 필요한 새로운 소재를 연구, 개발

(2) 물질의 성분과 구조를 파악하여 연구물질을 조합하고 가공하는 실험과 연구 및 생산 시스템의 과정을 세밀하게 개발

(3) 신소재를 이용한 스타트업 및 유니콘 기업 창업

신소재공학을 전공하려는 학생들은 화학, 물리 등 과학 과목과 수학을 집중적으로 공부해야 하며, 졸업 후에는 자동차, 반도체, 섬유 등을 생산하는 대기업 연구소나 제철소, 정부에 소속된 연구소 등에 취업하게 됩니다.

신소재공학과는 철강 재료, 세라믹 재료, 반도체 재료, 에너지 재료에 관련된 모든 재료의 특성에 대해 배울 수 있는 학과라고 앞에서 설명해 드렸지요? 이러한 재료들은 연료전지를 구성하는 핵심 재료들입니다. 그래서 신소재공학과는 연료전지 연구의 핵심 학과이며, 미래 직업으로 주목받을 수 있는 학과입니다.

마지막으로 학생들에게 하고 싶은 말은 연료전지가 전기를 생산하는 에너지 생산의 핵심이라고 배웠는데, 앞으로도 많은 관심을 가져주기를 바랍니다. 여러분은 연료전지를 이용한 에너지 기술 종주국에 살고 싶나요? 아니면 에너지 기술 종속국에 살고 싶나요? 그 해답은 바로 여러분에게 있습니다.

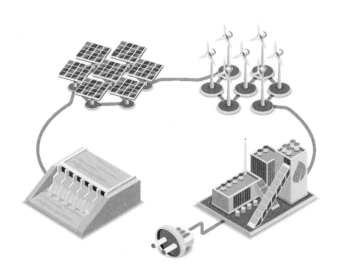

메타버스 인공지능의 시대
미래직업 다이어리 시리즈 기획 의도

메타버스, 인공지능을 빼면 이제 미래를 상상할 수 없다고들 합니다. 이미 우리는 물리적인 환경이 아닌 온라인 디지털 환경에서 더 오래 생활하고 있으며, 온라인에서 더 많은 소비를 하게 되었습니다. 4차 산업혁명과 메타버스 중심 산업 구조의 변화로 이제 과거의 교육방식은 미래를 보장해주지 못합니다. 명문대학 입시에 성공했다고 해도 취업이 보장되지 않는다는 것을 이미 많은 사람이 알게 되었습니다. 한 개인이 어떤 지식을 배워서 직업을 얻고, 문제 해결에 사용할 수 있는 주기가 급속이 짧아지고 있기 때문입니다.

이미 세상은 변했고 모두가 교육 혁신이 시급하다고 입을 모읍니다. 하지만 실제로 교육에서 무엇을 어떻게 혁신해야 할지는 잘 알지 못합니다. 특히 융합 크리에이터나 인공지능 분야처럼 급속도로 일자리 수요가 늘고 있지만, 공급은 부족한 미래 직업 대한 진로 가이드는 별로 없습니다.

미래 직업에 대한 이해를 도와 학생들이 변화한 세상에서 진로를 스스로 찾아갈 수 있는 신선한 가이드가 되기를 바라며 이 책을 함께 쓰고 또 편집했습니다. 특히 이 책은 학생들이 관심 있어 하는 미래 직업 분야인 콘텐츠 크리에이터 분야의 전문가들이 직접 자신의 직업을 소개하고, 진로에 대해 가이드를 하는 형태로 제작되었습니다. 이 책을 읽은 많은 학생이 롤모델을 찾고, 메타버스, 인공지능의 시대에서 '내가 잘하는 것, 내가 좋아하는 것'을 토대로 진로를 설계할 수 있게 되기를 진심으로 바랍니다.

메타버스 인공지능의 시대 **미래직업 다이어리 1**

신도형, 탐이부, 한재혁, 박찬, 이정훈, 김태원, 변문경 / 240쪽 / 16,000원

발행 2021년 5월 20일 / ISBN 979-11-86742-92-1

웹툰 기획자, 웹툰 작가, 게임 개발자, 미래 교사, 인공지능 챗봇 개발,
드라마 창작과 제작, 융합 콘텐츠 크리에이터 등 미래형 직업의 모든 것

목차

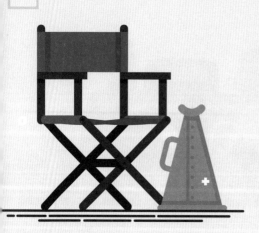

저자 소개

신도형 | 웹툰 프로듀서, 스토리 크리에이터

1999년~2006년 한성대학교 응용어문학 학사, 홍익대학교 광고홍보대학원 석사
2005년~2010년 광고 AE, 브랜드 컨설턴트
2010년~2021년 스토리 컨설턴트, 피칭디렉터
2015년~2021년 영화, 드라마, 웹툰 스토리 작가
2019년~2021년 웹툰 프로듀서, 스토리 크리에이터, 영상 제작자
2015 대한민국 스토리 공모대전 최우수상
현재 웹툰 제작회사 (주)투유드림 이사
한성대학교 크리에이티브 인문학부 겸임교수

탐이부 | 웹툰 작가

2001년~2003년 치요다공과예술전문학교 애니메이션과 졸업
2003년~2005년 OLM디지털 캐릭터 디자인, 애니메이터
2011년 웹툰 〈나오늘씨의 소심한 미친짓〉, 서적 〈쌩툰, 두살가족〉으로 데뷔
대표작품: 흡혈고딩 피만두, 찬란한 액션 유치원, 아임 펫!

한재혁 ┃ 게임 개발자
1989년~1996년 연세대학교 전산학과 학사
2017년~2019년 성균관 대학교 창업대학원 창업학석사
2002년~2010년 엔씨소프트 리니지2
2012년~2015년 엔씨소프트 블레이드 앤 소울
2016년~2021년 엔씨소프트 Project A2
주요 관심 분야: 게임 개발, 프로젝트 매니지먼트, SW 교육

박찬 ┃ 교사
인천삼산초등학교 교사 ┃ 인하대학교 교육학 박사
2016 올해의 과학 교사 ┃ 인하대학교, 경인교육대학교 강사
전국 STEAM 교사연구회 책임연구원 ┃ 과학, 영재, 융합장관 표창
과학, 창의성 교육 / STEAM 교육 / 발명, SW, 인공지능 교육

이정훈 ┃ 챗봇 개발자
2019년 경기대학교 응용통계학과, 컴퓨터과학과(공학사)
2019년~2020년: 성균관대학교 소프트웨어학 석사
2021년~현재 인터파크 챗봇개발팀
주요 관심 분야: 자연어처리(Natural Language Processing)
감정 분석(Sentiment Analysis),
대화형 시스템(Dialogue system)

김태원 | 스토리, 드라마 제작자
고려대학교 법과대학 법학과 졸업
2021 푸른여름스토리연구소 주식회사 대표이사
한국콘텐츠진흥원 콘텐츠해외진출지원센터 자문위원 등
2021년 이전 CJ E&M 드라마국장, MBC 드라마 선덕여왕문화산업전문회사 대표이사,
올리브나인 드라마사업본부장, 초록뱀미디어 총괄부사장
SBS 콘텐츠허브 전략기획팀장, 한국예술종합학교 영화과, 고려대학교 미디어학부,
한양대학교 문화콘텐츠학과, KT&G 상상마당아카데미, 한겨레교육문화센터 강사

변문경 | 융합 콘텐츠 크리에이터
성균관대학교 사범대학 교육공학 박사 (Ph. D)
성균관대학교 인공지능융합학과 박사과정
STEAM 교육, 인공지능교육, 프로젝트 기반 학습
주요 관심 분야: STEM 교육, 인공지능 융합교육, 자연어처리,
인공지능 콘텐츠 생성 API 개발, 스토리텔링

다빈치 books

효과적인 학습 전략 수립을 도와주는 책들

에듀테크 FOR 클래스룸 :
한 권으로 끝내는 원격 수업 도구의 모든 것

박찬, 김병석, 전수연, 전은경, 진성임, 정선재, 강윤진, 변문경 | 416쪽 | 25,000원

원격수업에 필요한 모든 디지털 도구의 활용 노하우를 이 한 권에 담았습니다.
온·오프라인 수업에 에듀테크를 더하면 더 편리하게 흥미로운 수업을 설계하고 실현할 수 있습니다.

주요 내용: 온라인 수업, 블랜디드 러닝, 플립트 러닝, 디지털 리터러시, 띵커벨, 카훗, 패들렛, 멘티미터, 실시간 쌍방향 수업, 줌(Zoom), 구글 Meet, 카카오 TV, 영상녹화, PPT 녹화, 윈도우 게임 녹화, OBS, zoom it, 영상편집, 클로버더빙, 브루(Vrew), 곰믹스 (Gom Mix), 유튜브영상 올리기, 무료 폰트, 무료 이미지, 무료 음원, 미리캔버스, 구글 플랫폼 활용하기, 구글 설문, 구글프리젠테이션, 구글스프래드시트, 구글 사이트 도구

우리 아이 AI: 4차 산업혁명 시대 인공지능 융합교육법

박찬, 김병석, 전수연, 전은경, 홍수빈, 진성임, 문혜진, 김성빈, 정선재, 강윤진,
변문경, 권해연, 박서희, 이정훈 공저 | 320쪽 | 24,000원

인공지능 교육은 어떤 방향성을 가지고 진행해야 할까요? 인공지능 교육에 대한 정보, 고민과 해답을 "우리 아이 AI" 이 한 권에 담았습니다. 인공지능 교육은 일상생활에서 문제를 해결을 위한 인공지능 활용 교육이 중심이 되어야 합니다. 인공지능 교육에 대한 방향성, 선진 인공지능 교육 사례, 스마트 폰 속 인공지능 도구에 대한 교육적 활용 방법을 소개한 첫 책입니다.

쉽게 따라하는 인공지능 FOR 클래스룸

박찬, 전수연, 진성임, 손미현, 노희진, 정선재, 강윤진, 이정훈 | 212쪽 | 18,000원

온·오프라인 수업에서 인공지능을 활용할 수 있는 가장 실용적인 지침서입니다.
온·오프라인 수업에서 실현하는 인공지능 에듀테크의 모든 것을 이 한 권에 담았습니다.

4차 산업 수업 혁명: with STEAM 교육 & Maker 교육

최인수, 변문경, 박찬, 김병석, 박정민, 전수연, 전은경 공저 | 264쪽 | 25,000원

STEAM 융합 교육에서 SW 교육으로 더 나아가 만들기 활동으로 세상과 상호작용할 수 있는 메이커 교육이 확대되고 있습니다. 이렇게 교육 혁신이 가속화되는 이유는 4차 산업혁명으로 사회, 경제적 시스템이 변화하며 미래 인재상도 변화하기 때문입니다. 이러한 교육의 패러다임의 전환기에, 본 책은 인간 본연의 창의성을 강화하기 위한 메이커 교육의 역사와 정신, 방향성을 제시하고 있습니다. 또한 이 책의 저자들은 코딩 교육, STEAM 융합 교육, 그리고 메이커 교육의 이상적인 통합 방법을 사례를 통해 보여줍니다.

메타버스 인공지능의 시대

미래직업 다이어리 2

초판 3쇄 인쇄	2021년 11월 4일
초판 3쇄 발행	2021년 11월 4일

기획	변문경
책임편집	김현
저자	김준수, 최승홍, 이유진, 아이박슨, 손미현, 김정현, 변문경
디자인	이시은 (디자인 다인)

펴낸곳	다빈치 books
등록일	2011년 10월 6일
주소	서울특별시 마포구 월드컵북로 375
팩스	0504-393-5042
전화	070-4458-2890
콘텐츠 및 강연 관련 문의	curiomoon@naver.com

*이미지 리소스: ShutterStock의 정식라이선스를 사용하였습니다.

ISBN 979-11-86742-47-1
© 다빈치 books, 2020

다빈치 books